Tobias Kurfer hat sie schon fast alle selbst erledigt, die Horrorjobs an den Randbezirken der Erwerbsarbeit. Egal, ob als Sargträger, Geisterbahnerschrecker, Sexshop-Aushilfe, Kinderanimateur oder Fußballmaskottchen – sie waren stressig, eklig, nervtötend, undankbar, mies bezahlt oder einfach nur peinlich. Jetzt berichtet er vom Scheitern, Schämen und Durchhalten. Ein irrwitziger Trip durch eine oft fremde und skurrile Berufswelt, bei dem einem das Lachen manchmal im Halse stecken bleibt.

Tobias M. Kurfer, Jahrgang 1975, hat Publizistik studiert. Er arbeitet als freier Journalist in Berlin für Zeitungen, Zeitschriften und Radiosender.

Weitere Informationen, auch zu E-Book-Ausgaben, finden Sie bei www.fischerverlage.de

TOBIAS KURFER

HORRORJOBS

Wie ich mich
probehalber
ausbeuten ließ

Fischer Taschenbuch Verlag

MIX
Papier aus verantwortungsvollen Quellen
FSC www.fsc.org FSC® C083411

Veröffentlicht im Fischer Taschenbuch Verlag,
einem Unternehmen der S. Fischer Verlag GmbH,
Frankfurt am Main, Februar 2012

Satz: C. H. Beck, Nördlingen
Druck und Bindung: CPI – Claussen & Bosse, Leck
Printed in Germany
ISBN 978-3-596-19109-3

Für Andreas

»Zu dem subtilen Selbstmord durch Arbeit
kann ich mich nicht leicht entschließen.«

Georg Büchner, Briefe

Inhalt

Einleitung

Dass man ausgebeutet wird, konnte ich nicht ahnen. Ich war ja erst sechseinhalb Jahre alt. Und ich war wirklich fleißig gewesen.

Drei Mal hatte ich binnen einer Woche den Müll aus unserer Wohnung im zweiten Obergeschoss eines Münchener Mietshauses durch den Flur, das Treppenhaus hinunter und zur Tonne geschleppt. Mein erster Job war eine Zumutung, wie ich fand, aber nun hatte die Plackerei ja ein Ende, und ich würde angemessen entschädigt werden für mein Schuften. Eine Mark würde mein Lohn betragen, mindestens. Da war ich mir sicher.

Es war Sonntag, Juli, ein blauer Tag. Die Sonne stand steil am Himmel. Hummelwetter. Wir hatten auf dem Balkon Apfelkuchen mit Sahne gegessen und drückten gerade die letzten Krümel mit den Gabeln auf, als meine Mutter mich zu sich rief. »Tobias!« Sie rief aus der Küche. »Schatz, kommst du mal?« Ich wusste, dass es so weit war.

Mit einem Satz war ich auf den Beinen. Ich rannte durch das Wohnzimmer, verlangsamte vor der Küche und machte einen kleinen, vorsichtigen Schritt hinein. »Was is?«

Meine Mutter stand am Spülstein, Arme im Schaum. Sie lächelte, als sie ihre Hände an der Schürze trocken wischte. Dann sank sie in die Hocke. Ich sei eine große Hilfe gewesen, sagte sie, sie sei sehr stolz auf mich. Mama nahm ihre Geldbörse zur Hand.

Sie überreichte mir mein erstes selbstverdientes Geld. Es war eine Münze, die silbern blitzte. Ich war selig. Jedenfalls einen Augenblick lang.

Dann erkannte ich, dass das Geldstück 50 Pfennig wert war, also nur die Hälfte des Lohnes, mit dem ich gerechnet hatte. Ich war etwas irritiert, aber das legte sich rasch wieder. Klar, es musste gleich noch was nachkommen.

Vielleicht hätte ich vorher meinen Lohn verhandeln sollen.

Es kam nichts. Mama richtete sich auf, schloss den Druckknopf am Münzfach ihres Portemonnaies, klappte es zusammen und steckte es ein. Dann widmete sie sich wieder dem Abwasch. Ich hatte schäbige 50 Pfennige bekommen für eine ganze Woche stinkenden Müll runterbringen. Als mir das klar wurde, zog sich mein Magen zu einem harten Klumpen zusammen. Ich wollte noch protestieren – doch ich wusste, dass das zwecklos war, dafür kannte ich meine Mutter zu gut. Still schlich ich in mein Zimmer. Aber die Tür warf ich ins Schloss!

An jenem langen Nachmittag unter meiner Bettdecke beschloss ich, ein Faulpelz zu werden. Oder ein Taugenichts, das wusste ich noch nicht so genau. Meine Eltern aber, denen mein Entschluss nicht verborgen bleiben konnte, hatten fest vor, das zu verhindern.

Das war 1982. Wir lebten damals in Waldtrudering, im Münchener Osten. Es ging uns gut, wir hatten eine Putzfrau, die einmal in der Woche durch unsere Maisonette saugte, wir besaßen zwei Autos und fuhren jedes Jahr für vierzehn Tage im Sommer an die Adria, im Winter machten wir Skiurlaub in Österreich. Doch das Erreichte war nicht genug. Mein Vater hatte sich unseren gesellschaftlichen Aufstieg zum Ziel gemacht, und er arbeitete hart daran. Fast jedes Wochenende verbrachte Papa im Büro, wenigstens einmal im Monat stieg er in ein Flugzeug und flog geschäftlich nach Österreich oder Saudi Arabien.

Weil mein Vater so fleißig war, passte es ihm natürlich gar nicht, dass sein Erstgeborener beschlossen hatte, ein Faulpelz zu werden. Er setzte sich mit Mama zusammen, sie tranken viel Wein und rauchten, und am nächsten Tag eröffneten sie mir etwas, das sie eine »Maßnahme« nannten. Diese neue Sache sollte mich zu einem noch wertvolleren Mitglied der Gesellschaft machen. Mama erklärte mir die Einzelheiten.

Ab sofort, sagte sie, würde ich Taschengeld bekommen. (Ich war natürlich sehr angetan von dieser Maßnahme.) Ich bekam 50 Pfennig die Woche alleine dafür, dass ich da war. Auch damit war ich durchaus einverstanden.

Doch, wie ich bald herausfand, waren meine Einkünfte im Vergleich zu meinen Spielkameraden eher so mittelmäßig. Und hier kam der zweite Teil der Maßnahme ins Spiel: die sogenannte Option.

Wollte ich mehr Geld, konnte ich mir etwas dazuverdienen. Ich wollte damals nichts so sehr wie den *Kleinen UHU*, das war so ein Modellflugzeug aus Balsaholz. 12,50 Mark kostete der Flieger, eine Unsumme bei meinem mageren Einkommen. Hätte ich all mein Taschengeld gespart, es hätte ein halbes Jahr gedauert, bis ich mir das Flugzeug hätte leisten können.

Und so kam es, dass ich weiter Mülltüten durch den Flur schleifte und meinem Vater beim Putzen unserer Autos assistierte. Mein kleiner Bruder sah gerne zu, wenn ich schuftete. Ich dachte, warte nur, Mistvieh, das blüht dir auch, wenn sie dir erst mal die Windeln wegnehmen.

Weil mein Vater so viel arbeitete, wurde er bei Tisch natürlich oft gelobt, und über seinen Fleiß wurde viel gesprochen. Auch der Fleiß anderer Menschen war ein beliebtes Thema. Handwerker waren grundsätzlich nicht fleißig und unser Hausmeister auch nicht. Bei den Managern wussten wir es nicht so genau, aber wir vermuteten, dass sie es nicht waren, auf jeden Fall zahlte man ihnen zu viel Geld. Überhaupt nicht fleißig war mein Spielkamerad Dirk. Der bekam das Doppelte meines Taschengeldes, und seine Mutter kochte ihm ausschließlich Gerichte aus dem Kochbuch Eckart Witzigmanns. So heißt ein Gourmet. Dirk würde mal ein Taugenichts werden, das war sonnenklar.

Wenn meine Eltern mit anderen Leuten rauchen und Wein trinken wollten, gingen sie aus. Wir hatten für solche Fälle eine Frau Gläser, die dann ihre Vertretung übernahm. Frau Gläser war alt wie ein Stein, sah aber noch sehr hübsch aus, sie las uns Märchen vor und gab uns Süßigkeiten, für die wir allerdings erst unsere Zimmer aufräumen mussten. Einmal habe ich geschummelt und alles unters Bett geschoben. Die Sache kam raus. Mein Bruder fraß meinen Anteil an der Schokolade mit großem Genuss.

Die Jahre vergingen, mir wuchsen neue Zähne und die alten fielen aus; unser Haus wurde fertig. (Mein Vater fluchte sehr viel über Handwerker, Mutter weinte, aber wir zogen dann doch noch ein.) Hinter dem Haus lag, von Tannen umstanden, ein mittelgroßer Garten, ein alter, prächtiger Zwetschgenbaum stand darin. Leider hatten wir auch einen Rasen. Das heißt, ursprünglich hatten wir eine Wiese, aber »Wiese« war so eine Art Ekelwort bei uns, ungefähr so wie »Pickel«. Es war meine Aufgabe, dafür zu sorgen, dass man nicht mehr merkte, dass wir mal so was hatten. Schwitzend mähte ich für eine Mark pro Stunde.

Die Schinderei blieb mein Los. Mit dreizehn lud ich

schwere, verschnürte Papierpacken auf den Sattel meines Fahrrads (*Olympus*, Fuchsschwanz, Rennradlenker, den ich nach oben drehte, das war damals *sehr* angesagt). Ich fuhr Prospekte aus für drei Pfennig pro Stück. Man wird von vielen Menschen herzlos behandelt, wenn man ungefragt Werbeprospekte in Briefkästen stopft. Gut, viel mehr Leute haben damals noch das Wort »Reklame« benutzt. Ein schönes altes Wort, aber in einem Satz mit den Hauptwörtern »Saukrüppel« und »Polizei« verliert es ungemein.

Als ich vierzehn war, schickte mich mein Vater auf Montage. Er baute jetzt Kühlgeräte vor Bergkulisse in Ruhpolding, das liegt im schönen Chiemgau. Die halbe Belegschaft des kleinen Betriebs war krank geworden in diesem Sommer. »Not am Mann« hieß das bei uns zu Hause. Also wurde ich mir nichts, dir nichts zum Mann gemacht. Papa steckte mich in den Regionalzug Richtung Traunstein. Es waren Ferien. Stinksauer fuhr ich in die Sklaverei.

Mein Onkel, der den Betrieb stellvertretend für meinen Vater führte, holte mich vom Bahnhof ab. Er fuhr seinen *Opel Corsa Tuning* (cool, sehr rot, Heckspoiler, Fuchsschwanz am Rückspiegel) halsbrecherisch durch die Serpentinen. Offenbar hatte er es ziemlich eilig, einen Angestellten aus mir zu machen. Zwei Wochen lang schnitt ich tagein, tagaus in einer Werkstatt das scheinbar selbe Rohr, und ich kehrte die unendlichen Rohrschnittspäne. (»Bleierne Monotonie, gerichtlich vermutlich nicht verwertbar«, steht in meinem Tagebuch.) Mein einziger Trost war, dass mein kleiner Bruder, die Mistbacke, mich einmal in dieser Hölle würde ablösen müssen.

Immerhin hat mein Vater ganz gut gezahlt. Ich kaufte die wichtigsten Platten, also was man damals so haben musste (*Guns N' Roses*, *The Bangles*, *Ice MC*), und trug den Rest zur Bank. Man muss sparsam sein, dann reicht das Geld länger, sagte Mama. Es reichte kürzer. Und so fand ich mich bald in einem weißgestärkten Kittel an der Leergutannahmestelle eines Supermarktes. Die Arbeit wäre okay gewesen, ich nahm Bier- und Sprudelflaschen entgegen, erstellte Bons und füllte das Getränkelager auf, für fünf Mark die Stunde. Doch brachte der Job zahlreiche Zumutungen mit sich, und sie gingen von den angestellten Frauen aus, dem schlimmsten Haufen missgünstiger Hennen, den man sich vorstellen kann. Immerzu musste ich putzen, was sie nicht putzen wollten. Salatöl, Joghurt oder Weichspüler, was immer Kunden hatten fallen lassen, und einmal eine Mülltonne mit Fleischresten und Maden drin. Der Lkw-Fahrer hatte sie vergessen, es war heiß gewesen, Hochsommer, die Tonne stand ein paar Tage im Außenlager. Man kann sich ausmalen, wie das den Maden gefiel. Mit Grausen denke ich auch an den Abfalleimer mit den gebrauchten Damenbinden zurück. Aber man muss wissen, welche Details man vornehm für sich behält.

Meine Rettung waren die Lehrlinge, Hubitschek und

Spengler. Die deckten einen, wenn man im Lager geraucht hatte, und teilten, was sie stahlen. Insgesamt galt Spengler als unheimlich, aber es wurde auch viel geredet. Grund für die Gerüchteküche war vermutlich sein unerschütterlicher Gleichmut. Ein Schulfreund (auch Leergutannahmestelle) will gesehen haben, wie eine Palette mit Getränkekisten aus dem obersten Fach des Lagerregals fiel und neben Spengler niederging. Er soll nicht mal mit der Wimper gezuckt haben. Hubitschek war aufbrausender. Angeblich hat ihn mal die Polizei geholt, weil er eine Reichskriegsflagge vor sein Fenster hing, um sich unbeobachtet seiner Freundin widmen zu können. Ob sie noch dabei waren, ist nicht überliefert.

1993 hatte ich es satt und ging zu Pfeiffer, und ich muss sagen, das war so mittelschlau. Pfeiffer führte einen Laden für Büroartikel, verdingte sich als Bauunternehmer und trieb nebenbei allerlei undurchsichtige Geschäfte. Geld gab es immer bar und auf die Hand. Man musste die Bürotür schließen, bevor er was rausrückte. Es war stets so ein Ausdruck von Konspiration und Komplizenschaft an der Art, wie er es über den Tisch schob.

Pfeiffer war ein ausgemachter Sklaventreiber, ein schnauzbärtiges Scheusal, großspurig und geizig. Er engagierte mich als Bauhelfer und Handlanger für alle möglichen geisttötenden, körperverschleißenden Verrichtungen. Es waren die miesesten Jobs, die ich bis dahin gemacht hatte, bei unangemessen dürftiger Bezahlung –

wenngleich die Bezahlung immer noch besser war als bei den anderen Jobs, die man damals als Schüler bekam.

Ich habe zum Beispiel einmal fünf nicht enden wollende Tage am Stück Tapeten von Wänden gekratzt. Man musste die Tapeten mit Wasser einweichen, anderenfalls hätte es Monate gedauert. (Es lagen vier Schichten übereinander.) Ich benetzte also die Wand mit einem Schwamm, wartete ein Weilchen, dann setzte ich den Spachtel an. Man schält äußerst beschwingt über so eine eingeweichte Tapete, freut sich an den Schalen, die man von der Wand löst, und sagt sich, gut, dass ich Arbeit habe, so schön sind diese Schalen. Nur in meinem Fall war es anders, denn es machte auf einmal *peng*.

Mir war augenblicklich ganz eigenartig zumute, meine Hände zitterten und mir verschwamm der Blick. Trotz meines schocktrüben Befindens fand ich die Ursache meines Zustandes bald: Unter der Tapete hatte das blanke Ende eines Stromkabels gelauert. Noch etwas benommen klopfte ich mir den Staub aus der Hose. Dann dachte ich: Gut, die Sicherung ist raus, du lebst, du wirst ihn anzeigen, aber du bringst das jetzt zu Ende.

Ich setzte also den Spachtel an und schälte los. Zwei Bahnen ging es gut, ohne Zwischenfall. Dann wieder *peng*! (Es tat wirklich *sehr* weh.) Weil ich im Chaos der Baustelle keinen Sicherungskasten finden konnte, ist in den nächsten Tagen noch viel Strom in mich hinein- und, wie mein Physiklehrer später erklärte, auch wieder herausgeflossen. Pfeiffer wollte meine Empörung nicht teilen.

Und er hatte jetzt immer sehr viele Termine, wenn ich ihn sprechen wollte.

Natürlich wollte ich kündigen. Aber alle halbwegs lukrativen Jobs waren längst vergeben und ich brauchte das Geld für eine E-Gitarre. Ich wollte damals eine *Fender Stratocaster*, cremefarben mit weißem Schlagbrett. Jimi Hendrix hatte das gleiche Modell 1967 beim Festival von Monterey am Ende eines furiosen Auftrittes auf der Bühne abgefackelt. Mit dieser Gitarre in meinen Händen würde ich spielen wie der größte Gitarrist aller Zeiten. (Mit meiner *Stratocaster*-Imitation spielte ich wie dieser Typ von *Depeche Mode*.) Mit anderen Worten: Ich war Pfeiffer ausgeliefert.

Anderentags schickte mich Pfeiffer aufs Land. Die Adresse war so ein freistehendes Häuschen, rings krautige Wiesen, weite Wälder. (»Wiesen: Zustand von Beklemmung«, steht in meinem Tagebuch.) Im akkurat angelegten Garten lag zwischen Salatköpfen und Blumenbeeten ein berghohes Gestrüpp aus Holzlatten. Ich sollte mit der Kneifzange Nägel aus den Brettern biegen. Acht Tage lang tat ich nichts anderes, schon am ersten Abend hatte ich enorme Blasen an den Händen. Wenn Pfeiffer zu seinen Stippvisiten erschien, trieb er mich zur Eile. Argwöhnisch musterte er die klaren Latten und mit großem Interesse untersuchte er die freigelegten Nägel. Bestimmt sann der alte Pfennigfuchser über deren weitere Verwendung nach.

Einmal, ich musste zu Renovierungsarbeiten auf eine

Baustelle in der Innenstadt, gab mir Pfeiffer ein Helferlein an die Hand. Tim und ich sollten eine Wand umhauen und ein Badezimmer zertrümmern. Wir hatten Vorschlaghämmer. Ich bin sicher, das Helferlein dachte, was ich dachte, mit dem Hammer in der Hand, jedenfalls droschen wir beide wie wild drauflos. Wir atmeten schwer, als uns nur noch ein feines Staubgeriesel vom Nebenzimmer trennte. Befriedigt gingen wir zur Brotzeit. Nachmittags zerhackten wir noch das Bad, und am Abend sah die Wohnung aus wie ein Geröllfeld am Fuße der Dolomiten. Als Pfeiffer unser Tagewerk begutachtet hatte, lobte er uns überschwänglich. Das hatte es zuvor nie gegeben und nachher nicht, er lud uns sogar zum Bier ein. Dass wir Termine hatten und Tim minderjährig war, irritierte den Tyrannen nicht im Geringsten. Spät am Abend, nach der vierten oder fünften Runde, wurde unser Boss sentimental. Pfeiffer hing über seinem Glas, klagte über die Undankbarkeit seiner Angestellten und die ganze Ungerechtigkeit in der Welt. Wir sehnten uns nach unserem Steinbruch.

Mein letzter Job bei Pfeiffer ist mir in besonderer Erinnerung geblieben, es war die Sache mit der Glaswolle. Wir hatten Schutzanzüge aus Papier und Atemmasken besorgt und zogen nun vermummt die Falltreppe aus einer Deckenklappe, die zum Dachboden führte. Ein feuchtheißer Wind blies uns entgegen. Wir stiegen auf. Der Dachstuhl quoll über von Glaswolle. Glaswolle lag in breiten Bahnen auf dem Boden ausgebreitet, Glaswolle war auseinandergerupft und in die Nischen und Winkel gestopft worden, insgesamt eine Containerladung ergab das, mindestens. Die Luft war zum Ersticken. Wir berieten uns. Der Boden sah wenig vertrauenerweckend aus. Vermutlich dünne Gipsplatten, sagte Tim und versuchte einen Probeschritt.

Man muss sagen, es war wenig Anmut an der Art, wie er durch die Decke krachte. Tim brach erst mit dem linken Bein ein, verlor dann folgerichtig das Gleichgewicht, wobei er verzweifelt mit den Armen rudernd noch nach mir langte, mich aber in völliger Fehleinschätzung der Distanz verfehlte und schließlich lasch und ergeben wie ein Sack die Gipsplatte durchschlug. Tim verschwand johlend aus meinem Blickfeld. Es rumste bedenklich; das Helferlein jammerte aus dem Loch. Als es sich wieder oben unterm First befand, auf einem trittfesten Querbalken, stand sein Mordplan bereits im Detail. Tim setzte mir das Vorhaben anschaulich auseinander. Mit düster glühenden Augen erklärte er mir, welche chirurgischen Bestecke er wie einsetzen wolle (es sollte möglichst lange dauern) – dann fragte mich das Faktotum, ob es auf mich zählen könne. Ich bejahte kollegial, wir fielen uns in die Arme und begannen die Glaswolle aus den Ecken zu rupfen. Wir krochen auf allen vieren wie die Hunde, balancierten auf den Balken, sammelten das stechende Zeug vor der Brust und füllten Müllsäcke damit, einen ganzen Tag lang ging das so. Noch Tage später bin ich nachts aufgewacht, weil es mich an Körperstellen juckte, die ich hier lieber nicht wiedergeben will. In diesen langen Nächten der Pein begann ich politisch zu denken.

> *Tagebuch vom 11. Oktober 1993:*
> »Lesen Marx im Unterricht. Trage mich mit dem Gedanken auszuwandern.«

> *Tagebuch vom 14. Oktober 1993:*
> »Papa sagt, das mit meiner Erbschaft kann ich vergessen, wenn ich erst die kubanische Staatsbürgerschaft angenommen habe. Will Auswanderung jetzt noch mal überdenken.«

Die Verlockungen der Erbmasse wogen schwer. Also ergab ich mich in mein Schicksal. Jahrelang briet ich bei einer amerikanischen Fastfoodkette fragwürdige Buletten, ich aß auch davon, ohne zu murren. Während meines Studiums reinigte ich in einer Berliner Filiale desselben Schnellrestaurants wenigstens fünfzig einsame Nächte hindurch klaglos stinkende Frittierfettbottiche und Fettabscheidesiebe. Gleichmütig bewarb ich in Baumärkten Fliegengitter. Ich pries (sogar engagiert) die Vorzüge von TV-Zeitschriftenabonnements und zählte in nicht enden wollenden Baumarktinventuren verzinkte Feingewinde-Zylinderschrauben und Gegenmuttern (Größen M3 bis M10). Ich tat all dies, weil ich wusste, es würde einmal vorübergehen. Nur noch ein paar Jahre, das betete ich mir vor, halte noch ein bisschen durch, dann hast du dein Hochschulzeugnis in der Tasche, dann beginnst du eine gute Arbeit, und die Lohnhurerei hat ein für alle Mal ein Ende.

Im Jahr 2006 war es schließlich soweit. Ich ging von der Uni ab und begann wenig später als freier Mitarbeiter beim öffentlich-rechtlichen Rundfunk. Ich war selig. Nie wieder würde ich mich in Nebenjobs verdingen müssen. Ich sollte mich so sehr täuschen.

Vorspiel

Im Dezember 2009 erhielt ich einen Anruf aus der Redaktion eines Berliner Magazins, in dem ich kurz zuvor einen Artikel veröffentlicht hatte. Der Redakteur am anderen Ende der Leitung sprach mit einem gehobenen, feierlichen Ausdruck in der Stimme; offenbar hatte er gute Nachrichten zu überbringen. Hatte er tatsächlich. Der Mann bot mir an, für sein Heft eine monatliche Kolumne zu schreiben.

Wer um den Stellenwert der Kolumne innerhalb der Journalistenzunft weiß, den wird nicht verwundern, dass ich mich sogleich in meinem Stuhl aufrichtete und eine würdevolle Haltung einnahm.

Ich sagte cool: »Aha.« (Man darf in solchen Situationen ja unter keinen Umständen zu interessiert wirken.)

Ja, gab die Stimme zurück, die Redaktionskonferenz habe sich überlegt, dass es doch ganz hübsch wäre, wenn ich über Nebenjobs schriebe. Ich dachte, okay, kein schlechtes Thema. Du hast genug Erfahrungen mit Nebenjobs gesammelt. Da lässt sich was Pfiffiges machen. Ich sagte also »Mmh!«, wobei ich jetzt aus strategischen Gründen etwas mehr Interesse in meine Stimme legte. Der Mann fuhr fort: »Die Idee ist, Sie suchen sich einen Job, ruhig was Ungewöhnliches, sagen wir Fußballmaskottchen. Sie machen diesen Job, und dann schreiben Sie …«

Den Rest hörte ich schon nicht mehr. Langsam sackte ich in die gewohnheitsmäßige Haltung zurück. Ich sollte die Jobs selbst machen? Mich schinden lassen? Irgendwelcher nervtötenden, unterbezahlten Arbeit nachgehen? Nein, unmöglich. Dieses Kapitel war abgeschlossen, ein für alle Mal. Andererseits … Hier ging es ja nicht um irgendwas. Der bietet dir eine eigene Kolumne an, Menschenskinder! Ich geriet ins Grübeln, wog Für und Wider ab, spielte mit dem Gedanken einzuwilligen und verwarf ihn wieder.

Ein Räuspern riss mich aus dem Hin und Her meiner Gedanken. »Sind Sie noch dran?« Schlagartig richtete ich mich wieder auf. Ich versuchte, mir nichts anmerken zu lassen. »Also das ist wirklich eine … eine *sehr* schöne Idee!«

»Sie müssen nicht gleich zusagen«, sagte der Mann, und wir verabredeten zwei Tage Bedenkzeit. Dann legten wir auf.

Was habe ich mit mir gerungen! Eine eigene Kolumne! Irre! Aber musste es ausgerechnet auf diese Weise sein? Ich lief in meinem Wohnzimmer auf und ab, Arme vor der Brust verschränkt. Ich würde schwitzen, klar. Mir Schwielen zuziehen. Oh, Mann! Ich müsste zum Sterben langweilige Dinge tun und mich herumkommandieren lassen. Und Typen wie Pfeiffer würden meine Chefs sein. Natürlich! Pfeiffer-Typen gibt es ja zuhauf; in den sogenannten Chefetagen treten sie sich nur so auf die Füße, sie reiben sich die Schinderhände, klopfen sich auf die Schultern und veranstalten Seminare zum Thema *Der Kündigungsschutz – Irrweg und Auswege.* Konnte es denn keine Kolumne über etwas Angenehmes sein? Über die geheimen Leidenschaften der schönsten Frauen? Oder unberührte südostasiatische Urlaubsparadiese!

Um es kurz zu machen: Die Aussicht auf den Ehrentitel Kolumnist war zu verlockend. Am nächsten Tag sagte ich zu.

Zu meinem Erstaunen dauerte es nicht lange, bis sich mein Unwillen und meine Befürchtungen in Wohlgefallen aufzulösen begann. Schon die ersten Jobs weckten in mir einen tief verborgenen und, wie ich fand, etwas befremdlichen Ehrgeiz. Ja, eine gewisse perverse Lust an der Selbstkasteiung nahm mich in Besitz. So ein sportiver Eifer, meine Grenzen auszuloten. Dazu trat ein journalistisches Interesse. Die Kolumne bot mir die Möglichkeit, Milieus kennenzulernen, die mir bis dahin verschlossen waren. – Was sind Sargträger für Leute? Wovor ekeln sich Klofrauen? Was erleben Sexshop-Angestellte bei der Arbeit? Das waren eigentlich spannende Fragen. Die Ausflüge in die Arbeitswelten der Hilfs- und Nebenjobber haben sich ausgezahlt. Ihr Tun erwies sich als Quell unzähliger Erfahrungen, die ich nicht mehr missen möchte, auch wenn es beileibe nicht immer angenehme Erfahrungen waren. Außerdem – und vielleicht ist das noch wichtiger – lernte ich Menschen kennen, die mich tief beeindruckten. Da war die Erzieherin, die nachts in einer Diskothek für einen lächerlich geringen Lohn Toiletten schrubbt, weil ihr Gehalt nicht ausreicht, um damit ihr Leben zu bestreiten; sie tat es mit einem unbeirrbaren Optimismus. Da waren die Sargträger, die für ein nicht minder schäbiges Gehalt Beerdigungen mit einer Würde begleiteten, die mich sprachlos machte. Und da war schließlich eine Frau, die Hunde ausführt und trotz des bescheidenen Einkommens, das sie mit ihrer Arbeit verdient, immer wieder ein Auge zudrückt, weil eine ihrer Kundinnen, eine alte, hinfällige Dame, nicht genug Geld hat, um den Standardpreis zu zahlen. Sie nimmt ihre Hunde trotzdem mit.

Die Krux an der Kolumne war allein, dass sie wenig Platz bot. Zwei A5-Seiten gestand man mir pro Text zu, die Geschichten ließen sich nur anreißen, die Milieus allenfalls grob skizzieren. Ein junger Münchener Literaturagent sah das genauso, griff zum Hörer, rief mich an und schlug mir vor, ein Buch zu schreiben, das die ganze Misere, die ganze große Chose bringt. Und noch mehr miese Jobs natürlich. Ein Buch? Himmel! Diesmal gelang es mir nicht, cool zu bleiben. Ohne zu zögern sagte ich zu. Ich hatte keine Ahnung, was ich mir eingebrockt hatte.

So, nun aber genug der Vorrede. Packen wir's an.

Fußballmaskottchen

Fußball! Hach, wär' ich nur Fußballfan. Ja, das wäre fein. Herrlich ist es, stelle ich mir vor, einer Mannschaft anzuhängen, mit ihr zu bangen, mit ihr zu jubeln, sich ungehemmt dieser speziellen Ekstase hingeben zu können. Oder falls es einmal nicht gereicht hat mit dem Sieg, dann war's doch nur ein Spiel, und das nächste kommt schon bald. Und Fußballgötter verehren! Dem Anblick ihrer geschickten Waden willenlos zu erliegen! Toll! Doch, doch, Fußballfans können sich meines Neides sicher sein.

Dass aus mir kein Fußballfan wurde, hat mit meinem Elternhaus zu tun. Wir hatten mit dem Wadensport einfach nichts am Hut. Fußball, das waren die anderen, die, die viel Bier tranken und ein derbes Idiom pflegten. Wir waren Tennisleute. Bei uns wurde Wein getrunken. Und wir verehrten Tennisgötter. Sie hießen Boris, John und Ivan und trugen Schweißbänder. Der Donnerhall ihrer Aufschläge, die entfesselte Kraft ihrer *Returns*, die

Anmut ihrer *Services* und diese geniale Art, wie sie ihre *Top-Spins* schlugen, so dass der gespielte Ball nur Zentimeter übers Netz sauste, um dahinter plötzlich unerreichbar für den Gegner abzutropfen, das brachte meinen Vater in Wallungen, wie es sonst vermutlich nur meine Mutter vermochte. Wenngleich, wie ich zuversichtlich hoffe, mit anderen Techniken. Papa, sonst der Ruhepol der Familie, sprang auf, brüllte, fluchte, stand halbe *Matches* vor dem Fernseher, so sehr nahm ihn ihr Spiel in Besitz, so versetzte ihn Tennis in Ekstase.

Es wird jetzt vermutlich niemanden besonders überraschen, wenn ich berichte, dass ich zu mehreren Geburtstagen Tennisequipment bekam. Nun, ich war nicht abgeneigt. Im Gegenteil, sogar motiviert. Zahllose Stunden habe ich an der Ballmaschine meine Rückhand trainiert. Natürlich war Papa nicht immer zufrieden. Präzise erinnere ich mich, wie er fluchte, wenn ich zum *hundertsten* Mal falsch zum Ball stand, ganz falsch in den Ball fiel, den Ball falsch traf oder richtige Schritte statt der *richtigen* (!) Trippelschritte machte. Und obwohl mein Vater Unsummen an Geld und zahllose Stunden seiner spärlichen Freizeit darin investierte, einen neuen Boris aus mir zu machen oder wenigstens den nächsten Ivan, erlahmte mein Interesse am Tennissport ziemlich plötzlich im Alter von vierzehn Jahren. Ich hatte jetzt einfach andere Dinge im Kopf, die aufwühlenden, verstörenden Entdeckungen der Geschlechtsreife verlangten meine ganze Aufmerksamkeit. Papa war nicht sehr angetan, als ich ihm eröffnete, den Tennisschläger an den Nagel zu hängen. Aber es vergingen nur ein paar Wochen, bis wir wieder miteinander sprachen.

Die Qualifikationen für den Job als Balljunge hätte ich also vielleicht noch besessen, als Fußballmaskottchen war ich dagegen völlig ungeeignet. Denn Fußballmaskottchen müssen den Fußballsport aufrichtig lieben, wenigstens ein gewisses Faible dafür sollten sie mitbringen, um die nervenstrapazierende Aufgabe durchzuhalten. Etwas davon verstehen sollten sie auch.

Ich war nach Köpenick gefahren. Der Stadtteil im Osten Berlins ist ein beschaulicher Bezirk, grün, von Wasserstraßen durchzogen, Rathaus in märkischer Ziegelgotik und idyllische Altstadt. Aber natürlich hat auch Köpenick seine Probleme: Die NPD unterhält dort ihre Bundesparteizentrale und der Bezirksfußballverein, der Zweitligist 1. FC Union, macht des aggressiven Auftretens einiger Anhänger wegen immer wieder Schlagzeilen. Ich muss gestehen, wie groß das Problem ist, zumal im Vergleich mit anderen Clubs, kann ich eigentlich nicht seriös einschätzen. Dennoch fuhr ich mit durchaus gemischten Gefühlen zum Stadion an der *Alten Försterei.*

Mein Kostüm lag schon in einem Sack bereit. Der Mann, der es sonst trägt, ein Baum von einem Kerl, mit Fleischerpranken, in denen meine Hände bei der Begrüßung völlig verschwanden, half mir beim Einkleiden. »Ritter Keule«, das Maskottchen des 1. FC Union, trägt

Helm und Kettenhemd, in der Hand hält er sein Erkennungszeichen, einen Morgenstern. Die Figur hat einen ziemlich wilden, aber doofen Gesichtsausdruck, aus der Mitte ihres Antlitzes ragt eine obszöne Gurkennase, die Augenlider hängen träge hinab. Ich schlüpfte in einen Schutzpanzer, wie ihn die Eishockeyspieler tragen, darüber zog ich mein Stoffkettenhemd, dann eine Hose, beige, mit albernen Knieflicken. Schließlich den Ritterkopf. Das Haupt wiegt ziemlich schwer, was die allgemeine Beweglichkeit und insbesondere die Laufsicherheit empfindlich beeinträchtigt: Dreht man sich beispielsweise zur Seite, reißt es einen halb mit. Auch sieht man so gut wie nichts. Die winzige Öffnung im Mund der Figur ist mit zwei Lagen Gazestoff gegen Einblicke ins Ritterinnere verhängt. So dringt die sichtbare Umwelt nur in Umrissen ans Auge, in karierten Schatten, die unter Bewegungen des Kopfes flirren. Seitenblicke sind ebenfalls so gut wie unmöglich, das Gesichtsfeld ist auf ein Drittel verengt. Außerdem ist die Luft rar, binnen weniger Minuten hat man das Gefühl, der Vorrat geht zur Neige, und man schnappt nach Sauerstoff. Ich schlüpfte in meine Schuhe, zwei brikettförmige Dinger, ich schätze ihre Größe auf 100 bis 120. Die Galoschen waren schwer, und meine Füße hatten kaum Halt darin, und so musste ich meine Beine regelrecht gegen die Brust reißen, um nicht zu stolpern. Es ist ein Gefühl, als wate man durch ein Moor. Bestimmt sieht es auch so aus.

Mein Kollege führte mich aus dem Vereinsheim. Was leider nicht ohne verdrießliche Zwischenfälle vonstatten ging. Ich blieb an mehreren Türstöcken hängen, wobei ich fast nach hinten umgefallen wäre, und um ein Haar wäre ich Kopf voran eine Treppe hinuntergestürzt. Als das Gebäude durchquert war, hielten wir auf den Platz vor dem Stadion zu. In der Ferne grollte dunkel die Menschenmasse, ein Beben war in der Luft von den Trommelschlägen der Fans, Pfiffe tönten, dazu das Aufheulen der Treibgaströten. Dann hob ein Sprechchor an: »Scheiß Union! Scheiß Union!« Mir wurde jetzt durchaus etwas mulmig. Doch Rückzug war undenkbar. Denn der Name der Figur, die ich darstellte, birgt eine gewichtige Verantwortung: Als »Keule« bezeichnet der Berliner Jargon einen Kumpel. Mein Job war es also, der Kumpel der Union-Fans zu sein.

Und so watete ich also geführt durch die Anweisungen meines Kollegen tapfer weiter. Wir querten den Betonplatz, der Geruch von Bier und Wurst drang in meinen Ritterkopf, immerzu hielten wir auf das Tosen. Bald entdeckten mich die ersten Union-Anhänger. »Keule!« »Koilöö!« Aufgeregt rief man meinen Namen, irgendwer rüttelte heftig an mir, ein anderer schlug mir mit Wucht auf die Schulter. Nun, die Zeichen ihrer Zuneigung waren grob, aber sie waren aufrichtig gemeint. Unbeirrt grinste mein Ritterkopf sein schiefes Stoffraubrittergrinsen. Ich passierte also irgendwelchen von irgendwo zu mir her dringenden Stimmen zuwinkend ein Gatter und trat an den Spielfeldrand. In wenigen Minuten sollte ich das erste Mal aufs Feld.

Ich weiß nicht mehr, wie es dazu kam, vermutlich diente es mir als ein Art Rebellion gegen Papa, jedenfalls mit fünfzehn hatte ich mich dann doch noch gemeinsam mit meinem Bruder bei einem Fußballverein angemeldet. Es war ein Gastspiel von kurzer Dauer. Während meiner Mitgliedschaft habe ich so ziemlich jeden Ball, der meine Füße berührte, verstolpert. Außerdem schoss ich meine Pässe derart ungelenk, dass sie zu Recht bald als erhebliche Bedrohung für die Gesundheit meiner Mitspieler galten. Nach knapp drei Monaten meldete uns unsere Mutter telefonisch wieder ab. Nur einen Erfolg kann ich verbuchen in meiner Zeit als aktiver Fußballer, allerdings einen ziemlich ungeheuerlichen: Ich bezwang den Huber. Das war wirklich eine kleine Sensation damals beim TSG Stadtbergen / Leitershofen, denn den Huber bezwang im Zweikampf niemand. Das war so ein ehernes Gesetz. *Wie* ich den Huber, der im Fußballerischen ein Großtalent war, bezwingen konnte, sprich, was genau vonstatten ging, bei jenem Trainingsspiel auf einem überfrorenen Novemberrasen, ist mir bis heute schleierhaft, ja fast ein bisschen unheimlich ist es mir, denn meine Beine vollführten ihre Bewegungen völlig ohne Zutun meines Willens. Es war, als hätte eine geheimnisvolle Macht von ihnen Besitz ergriffen, und diese Macht verlieh ihren Bewegungen nun eine nachgerade brasilianische Eleganz und weltfußballerische Virtuosität. Am Ende jedenfalls stand der Huber, der sonst immer so ein saumseliges, träges Behagen verströmte, völlig fassungslos am linken Spielfeldrand, und ich stürmte nicht minder fassungslos in Richtung Tor; die Pille ausnahmsweise an meinem Fuß. Doch mein Leistungshoch währte nicht lange. Schon beim Abschluss war ich in die alte Form zurückgefallen. Ich zog durch, und bereits in dem Augenblick, da der Ball meinen Rist verließ, spürte ich, dass das nichts werden würde. Der Torwart stoppte meinen Schuss mit dem Fuß. Er hob die Achseln in einer Art, die zu gleichen Teilen Fassungslosigkeit und Hohn ausdrückte.

Fünf Minuten vor dem Anpfiff hatte die Erregung der 13 000 Besucher in der *Alten Försterei* regelrecht tranceartige Züge angenommen. Clubfahnen flatterten, plusterten sich im Wind, Fanschals hüpften unter zum Himmel gereckten Armen, Bier schwappte. Der Stadionsprecher rief die Spielernamen aus. Jeder Name eines Union-Kickers, der gellend ins Stadion hallte, wurde von den Union-Anhängern wie aus einem Mund mit dem Wort »Fußballgott« kommentiert. Jeder Spieler der gegnerischen Mannschaft bekam das unsportliche Anhängsel »Na und?«

Neben mir nahmen die Mannschaften Aufstellung zum Einlaufen auf das Grün. Links Union in Weiß mit schmalen zinnoberroten Längsstreifen, rechts, in den schwarzblauen Auswärtstrikots, der MSV Duisburg. Zweiundzwanzig Männer mit wild entschlossener Miene, die nach Dusche rochen. Sie tippelten sich die Waden warm, wobei sie energisch die Backen blähten. Jeder Spieler hielt einen kleinen Sozius an der Hand. »Auflaufkinder« heißen die Mitläuferchen im Fußballjargon, und diese »Auflaufkinder« sollte ich erst mal »abklatschen«. (Das klingt gewiss nicht nett, heißt aber nur, dass ich ihnen in die Hand schlagen, *high five* geben sollte.) Ich tat, wie mir geheißen. Dann eilte ich, so gut man eben eilen kann mit so einem Kostüm am Leib, vom Feld. Mein Ritterkopf verrutschte. Die Pfeife pfiff. Das Spiel begann.

Fußballmaskottchen sind – es ist nun mal ihr wichtigster Daseinszweck – vor allem Winkelemente. Außerdem macht man noch ausladende Gesten, die zur Kommentierung des Spiel dienen sollen, man greift sich etwa an den Kopf und schüttelt denselben, wenn der Schiri Scheiße pfeift, wobei man, wie angedeutet, aufpassen muss, das Gleichgewicht nicht zu verlieren. Ich hatte so meine Schwierigkeiten mit dem Kommentieren, denn von dem wenigen, das ich sehen konnte, verstand ich noch viel weniger. Um keinen Spott auf mich zu ziehen oder gar mein Team zu blamieren, hielt ich mich zurück, jubelte lediglich, wenn die Union-Fans schon unzweideutig aus dem Häuschen waren, und stemmte die Arme erst in die Hüften, wenn in *unserem* Block längst kräftig und empört gepfiffen wurde. Es war der reine Stress. Ständig war ich in Habtacht.

Zu den Unannehmlichkeiten des Maskottchenjobs gehört, dass Maskottchen selbst bei Anhängern der Mannschaft, in deren Dienst sie stehen, einen schweren Stand haben. Die Vereinswesen gelten insbesondere dem sogenannten echten Fan als Ausbund des Kommerzes, sie sind ihm unerträglicher Kitsch und Kinderkram. Fußball ist dieser rauen, Bier zugeneigten Spezies eine todernste Angelegenheit, aber niemals ein Spaß. Die Anhänger des jeweiligen Kontrahenten sparen gegenüber Feindmaskottchen sowieso mit Sympathie. Rivalisierende Glücksbringer wurden schon ausgelacht, beleidigt und mit Bier übergossen, manche sollen gar Prügel bezogen haben. Aber Knuffigkeit ist halt ein Schild aus Pappe, wenn der Zorn der Leidenschaftlichen ein Ventil braucht – und ein wehrloses Zielobjekt ausfindig gemacht hat. Allein die Kinder lieben die Maskottchen vorbehaltlos, oft über Vereinsgrenzen hinweg. Manche haben gar keine Augen für das Spiel, wie absorbiert folgen sie ihrem Tun. Bei Union gelte »Keule« insgesamt als akzeptiert, das hat man mir versichert. Und für die Gegner war ich ja eines Zaunes wegen außer Reichweite. Ich blieb vorsichtshalber trotzdem auf Abstand, besonders sorgfältig mied ich den Duisburg-Block.

Ich muss mich hier einmal selbst unterbrechen und etwas Allgemeines zum Thema Sport sagen. Mein Verhältnis zum sportiven Tun ist insgesamt nicht von Passion gekennzeichnet, schon eher eine gewisse Wurschtigkeit zeichnet es aus. Und wenn mir einer was vorschwärmt von der ach so schönen Leibesertüchtigung, muss ich ein Gähnen wegbeißen. Allerdings gibt es Begleitphänomene, die mich aufwühlen. An erster Stelle steht der Geruch. Unter den mir missliebigen Odeurs ist der Sportmief immer ein besonders unerwünschter Gast meiner Nase gewesen; das weiß ich aus leidvoller Erfahrung. Der Geruch verschwitzter Tennissocken, die Ausdünstungen der Sporttaschen insgesamt und die Aromen der Umkleidekabinen treiben mir Schweißperlen auf die Stirn. Auch liebe ich die Kurzatmigkeit nicht sehr, die einen unweigerlich ereilt, wenn man sich körperlich betätigt. Man ist ja unter Umständen nur noch mit Luftholen beschäftigt und kann nichts Gescheites denken. Auch die Sportmode finde ich ganz verfehlt, dazu sieht man sich mit der Notwenigkeit konfrontiert, einen Einheits-Look zu tragen, was ich ebenso ablehne wie die meisten Begleiterscheinungen des Vereinswesens. Aber zurück an den Ort des Geschehens.

Heiter ging es weiter auf der Tribüne. (Sie sangen: »Schalalala-Lala-Lala-Lala, E-e-o, E-e-o!«) Ich zwängte mich durch die dicht gepackten Leiber, wobei ich allerlei jubelndes Volk versehentlich anrempelte, darunter einen, seiner ganzen Körpersprache nach zu urteilen, ziemlich humorlosen Zeitgenossen von abschreckender Körpergröße. Der Kerl musterte mich mit wenig Zuneigung, verschonte mich dann allerdings doch. (Vermutlich weil Kinder in der Nähe waren.) Zunehmend machte der schief gerutschte Kopf meinem Gleichgewichtssinn zu schaffen. Ein paar Meter weiter dann quetschte sich eine gutgelaunte, schrill gekleidete Vierzigjährige aus dem Pulk, die drohend mit der Fotokamera fuchtelte. Ich müsse mal mit ihr posieren! »Günther!« Der Ehemann wurde harsch herbeizitiert. In meinem Arm, den sie sich auf die Schulter drapierte wie ein erlegtes Tier, strahlte sie wieder versonnen und girrte. Ich reckte den Daumen, der Gatte drückt ab. Sogleich befahl der Zerberus noch ein Bild mit der Tochter. Das Mädchen wurde seinerseits herangezerrt und neben mich geschoben, wobei es errötete. Ich wollte das Kind gern mit ein paar Worten aufmuntern. Durfte ich aber nicht. Maskottchen sind stumm. Also trottete ich weiter und winkte irgendwelchen Kindern zu.

Die Maskottchen stammen aus den USA, und sie sind eine absonderliche Sippe, eine *Addams Family* des Sports sozusagen. Der bizarren Mischpoke gehören unter anderem ein grinsender Baseball an, ein Alien mit waldmeisterfarbenem Fell und Trompetennase sowie ein leibhaftiger Ziegenbock. Meine Anverwandten tragen auch klangvolle Namen. »Stolle« und »Bobbi Bolzer« heißen welche, »Hidy« und »Howdy« andere, »Lekki« und »Bumsi« gibt es auch. In der Regel sind Maskottchen friedliche Gesellen, doch freilich gibt es Ausnahmen, widrige Geschöpfe, die aus der Art schlagen und die ganze Sippschaft in Misskredit bringen. Grotifant, das Maskottchen des KFC Uerdingen, etwa soll in den Neunzigerjahren einen Linienrichter attackiert haben, aus Wut über eine Entscheidung. (Ob der Angriff verbaler oder körperlicher Natur war, ist umstritten.) Jedenfalls sperrte das für solche Fälle zuständige Komitee den Grobian in der Elefantenhaut vorübergehend für den Innenraum. Filmisch dokumentiert sind ferner ein Ringkampf zwischen einem Bären und einem rüpelhaften Eichhörnchen sowie eine Massenschlägerei, an der sich unter anderem eine Kuh, eine Biene und ein Zebra beteiligen. Die Biene erwies sich als gnadenloser Schläger und Einpeitscher.

An der süd-östlichen Stadionecke hatte sich hinterm Gitterzaun die Keule-Fangruppe eingefunden. Ich wurde mit frenetischem Gesang aus etwa zwanzig Männerkehlen als die »geilste Sau der Welt« begrüßt. (»Ritter Keule ist die geilste Sau der Welt, geilste Sau der Welt, geilste Sau der Welt! …«) Ich musste die Kerle durch den Zaun hindurch abklatschen und meinen Morgenstern furchteinflößend schwingen. Vermutlich ein Glücksritual, jedenfalls, sie schienen zufrieden. Nach getaner Arbeit wendete ich mich ab und schaute erst mal das Spiel.

Lange gucken war nicht drin (gut, ich sah ohnehin fast nichts), denn kaum hatte ich mich dem Rasen zugewandt, streckten Kinder die Finger durch den Zaun, unmissverständliche Aufforderungen zum Abklatschen. Ich tat, was man von mir erwartete. Ganz verzückt war ein etwa Sechsjähriger, als ich seine Hand patschte. Einer, bezeichnenderweise stolzer Träger einer Zahnlücke, der sich außerdem dauernd mit dem Handrücken unter der Nase durchwischte, sagte, ich soll mich mal selbst mit der Keule hauen, ein Dritter packte mich an der Gurkennase und ließ nicht mehr los. Ich hing am Zaun, die Hände flehend gefaltet. So hatte ich mir die Zuneigung der Kleinen nicht vorgestellt.

Die Halbzeitpause verbrachte ich überwiegend mit Schwitzen auf einer Holzbank vor den Mannschaftskabinen. Mein Schädel rauchte, mein Blutdruck war enorm. Zehn Minuten hatte ich, um mich zu erholen.

Linda, die ich über Freunde kenne, hatte sich ihr Studium mit Promotionjobs verdient, sie hat Partyflyer verteilt und im Elektrohandel Telefonverträge beworben. Stets war sie mit ihrer Arbeit zufrieden gewesen, die Jobs brachten gutes Geld und bedeuteten relativ wenig Stress. So zog ein Studienjahr nach dem anderen ins Land. Bis zu jenem heißen Samstagvormittag, an dem Linda in ein Eichhörnchenkostüm schlüpfte.

Der Chef einer jener Agenturen, für die Linda damals arbeitete, hatte sie am Vortag angesprochen. Der Mann wirkte etwas angespannt, als er seine Mitarbeiterin beiseitenahm; er stecke in der Bredouille, sagte er, indem er sich in die Haare fuhr. Man sei für den nächsten Tag, den besagten Samstag, für eine Straßenbasketball-Veranstaltung gebucht, der Sponsor, ein Baumarktkonzern, brauche jemanden, der im Kostüm des Baumarkteichhörnchens vor Ort sei. Unglücklicherweise sei der Kollege, der sonst das Eichhörnchen gibt, erkrankt. Er, Lindas Chef, brauche dringend jemanden, der einspringen könne. Und Linda sei die Einzige, die er jetzt noch fragen könne. Eigentlich hatte meine Bekannte für den Samstag andere

Pläne, sie wollte mit Freunden an einen See fahren, einen Tag in der Sonne verleben, baden, grillen, aber meine Bekannte gehört, soweit ich sie kenne, zu den Menschen, denen es schwerfällt, etwas auszuschlagen, wenn man in einer Notlage steckt und sie höflich bittet, also sagte Linda kurzentschlossen zu. Dass der Job gut bezahlt würde, mag sie in ihrer Entscheidung bestärkt haben.

Es war brütend heiß an diesem Samstag, schon am Vormittag brannte die Sonne erbarmungslos vom Himmel, auf über dreißig Grad sollte das Thermometer zum Mittag hin steigen. Linda hatte sich ihrer Kleider fast komplett entledigt, allein einen Schlüpfer trug sie noch, als sie in das Fellkostüm stieg. Sie setzten den Kopf auf, schon jetzt stand ihr der Schweiß auf der Stirn. Eindringlich erinnerte sie sich an das viele Geld.

Die Umkleidekabine befand sich in der ersten Etage einer Baumarktfiliale, typischer Zweckbau, weißer Kalksandstein, Blechverkleidungen, freiliegende Holzbalken unter dem Dach. Durch das Fenster drang Hip-Hop-Musik, sie mischte sich mit Stimmengewirr, wie es über Freibädern hängt, und dem scharfen, obertonigen Geräusch, wenn Basketbälle auf Beton getippt werden. Unter Lindas Maske verschwammen die Geräusche zu einem Klangbrei ohne Kontur und Modulation. Sehen konnte sie nur wenig, das Blickfeld war auf einen winzigen Ausschnitt verengt, die Gucköffnung im Eichhörnchenmund durch ein engmaschiges Gitter verdeckt.

Treppab führte ihr Weg zum Einsatzort. Mit den großen Eichhörnchenfüßen konnte sie die Stufen nur seitwärts nehmen. Zweimal rutsche sie weg, beim ersten Mal landete sie auf dem Hintern, den zweiten Sturz konnte sie durch einen Griff an den Handlauf abfangen.

Auf dem Parkplatz drückte ihr jemand einen Korb mit Schokoriegeln und Bonbons in die Hand. Linda, das Eichhörnchen, lief über den Platz, winkte Kindern zu, gab ihnen Süßigkeiten und tätschelte die Kleinen auch, was mal zu Verzückung führte, mal zu Heulkrämpfen. Doch das war erst der Anfang. In der ersten Stunde ihres Arbeitseinsatzes fiel Linda über einen prallen Feuerwehrschlauch, lief gegen zwei Familienväter, die sich empörten, einer mehr als der andere, Teenager zogen sie am Eichhörnchenschwanz, lachten sie aus, traten in ihren Eichhörnchenhintern. Linda rann der Schweiß in dicken Tropfen über den Rücken.

Einmal alle sechzig Minuten rief sie ein Moderator mit Mikrophon auf die Bühne. Linda sollte tanzen und für Stimmung sorgen. Drei Kollegen mussten sie auf das Podest stemmen, aufrichten wie einen Maibaum, den man in die Senkrechte stellt, alleine kam sie nicht hoch. Als Linda loslegte, twistend in die Knie ging, mit dem Eichhörnchenpo wackelte, setzte es Pfiffe. »*Eichhörnchen go home!*«, brüllte das adoleszente Publikum, und »*Fuck you!*« Das Schauspiel sollte sich drei Mal wiederholen. Auf vier Stunden war der Auftritt angesetzt, nach dreieinhalb warf das Maskottchen hin. Linda zog die Maske vom Kopf, das Haar klebte ihr in dunklen Strähnen an der Stirn und im Nacken. Meine Bekannte machte sich davon. Sie sagt, sie habe beim Umziehen geheult vor Wut wie seit Jahren nicht.

Kurz nach der Halbzeitpause fiel das erste Tor, der MSV ging mit 1:0 in Führung. Die Union-Fans verfielen über den Rückstand in einen Schock. Eine drückende Stille breitete sich über ihnen aus, während die MSV-Anhängerschaft gehässig jubelte. Es dauerte aber nicht lange, da gerieten die Unioner in eine Rekonvaleszenz. Durch ihre Reihen lief ein finsteres Grollen, schließlich verfielen sie vereint in wildes Anfeuern. (»Auf geht's Unio-on, schießt ein Tooor, schießt ein Tooor, schießt ein To-o-or!«) Meine Ritterfigur war inzwischen wieder völlig außer Form geraten, der Kopf hing derart schief an meiner Schulterhalterung, dass ich Sorge haben musste, ihn zu verlieren. Es muss ausgesehen haben, als hätte ich mir den Hals gebrochen. Fanden wohl auch die anderen. Ein Mädchen weidete sich an meiner Erscheinung, zeigte mit dem Finger auf mich und lachte lauthals. Natürlich stimmten die beistehenden Blagen ein.

Ich ließ mich vom Verhalten der kleinen Blödmänner nicht beirren und gab erst einmal Autogramme. Ritter Keule signiert mit einem stilisierten Morgenstern, was mir in Handschuhen nicht im Geringsten gelingen wollte. Meine Unterschrift sah eher aus wie eine vertrocknete Korkenziehereiche. Trotzdem freudestrahlende Gesichter.

Der Aufgabenbereich der Maskottchen reicht weit

über das Stadion hinaus. Keule vertritt den 1. FC Union auf Kindergeburtstagen, auch für eine Hochzeit glühender Anhänger des Vereins wurde die Figur schon gebucht. Braut und Bräutigam sollen die Union-Trikots schwer gerührt aus den Händen des Maskottchens entgegengenommen haben. Fixer Bestandteil der Arbeit ist ferner bei jedem Spiel ein Besuch der Behinderten-Fan-Gruppe. Ich grüßte zwei Rollstuhlfahrer, die am Spielfeldrand standen, mit meinem lustigsten Winken. Einer, den Hals in eine Unzahl von Fan-Schals gewickelt – sein Kopf lag wie ein Riesen-Ei in dem Wollnest – zählte mit schon etwas schwer gewordener Zunge Höhepunkte der Vereinsgeschichte auf und ließ mich nicht mehr gehen.

Am Ende – der 1. FC Union verlor mit 0:1, blieb aber auf Platz zehn der Tabelle – torkelte ein Unioner auf mich zu.

»Nächsmalklapptskeule, wa?«

Ich nickte stumm. Am nächsten Morgen hatte ich den Muskelkater meines Lebens, mein Nacken war steif, und mein Rücken fühlte sich an wie durch die Mangel gedreht. Lädiert gab ich mich der süßen Lethargie hin und knipste den Fernseher an. Es gab ein Tennismatch. Ich drückte ein Wärmepflaster gegen die Lendenwirbel und dachte still, was für ein kultivierter Sport.

Kinderanimateur

Die Augenbrauen zur Nasenwurzel hin aufgestellt und an den Schläfen herabgezogen, tiefe Falten der Verzweiflung um die Mundwinkel. Der kleine blonde Junge stierte planlos vor sich hin. Offensichtlich war er dem Weinen nahe.

»Einfach ein Stück zurückrollen«, sagte ich, ging in die Hocke und lächelte ihn aufmunternd an. »Hm?«

Er stierte. In seinen Augen zitterte das Wasser.

Mit seinem Dreirad war der Junge senkrecht gegen die Bande der Kartbahn gefahren. Nun stand er da, Vorderrad gegen die Polsterung aus alten Autoreifen und, ich konnte es nicht fassen, wusste nicht weiter. Der Sinn meiner Worte schien ihn auch nicht zu erreichen. Vier Jahre alt war er, schätze ich.

Ich hob das Rad mitsamt dem Jungen ein wenig an und setzte es einen halben Meter zurück.

»So«, sagte ich, »jetzt fahr los.«

Stieren, argloses Glotzen. Endlich stieß er sich zaghaft ab. Er rollte los. Senkrecht gegen die Bande.

O weh, dachte ich, hob ihn noch mal an, setzte das Dreirad zurück und drehte den Lenker in die richtige Position.

»So, siehst du?«

Wieder starrte er vor sich hin.

»Okay, egal«, sagte ich sehr (!) behutsam. »Jetzt fahr einfach los.«

Er machte nicht den Eindruck, mich zu verstehen.

»Fahren. In die Pedale treten, verstehst du?«

Um uns herum, auf der Kartbahn tobte der Irrsinn. Jubelnd, jauchzend rauschten Kinder in ihren elektrifizierten Miniautos und -motorrädern an uns vorbei. Ein Mädchen stieß ein seliges »Tut-Tuut!« aus, sie stand in ihrem Gefährt mit wehendem Haar und pflügte den Fahrwind mit Kraulschlägen.

»Treten!«, sagte ich. »Tritt, Kind!«

Keine Reaktion. Was is' nur los mit dem?, dachte ich, eben war er doch noch gefahren. Es half nichts, ich musste wieder eingreifen. Also drückte ich mit der Hand seinen Sockenfuß nach unten.

»So! Verstehst du?«

Er ließ es geschehen, machte aber keinerlei Anstalten, davonzuradeln. Ich pustete – obwohl ich mir wirklich nichts anmerken lassen wollte – Luft durch die Backen. Dann richtete ich mich auf, stützte die Hände auf die Knie.

»Guck mal: Wie beim Laufen, einen Fuß nach dem andern.« (Laufen konnte der Bengel ja wohl!)

Glotzen.

Ich wischte mir durchs Gesicht, sah mich um, reckte den Hals. Irgendwo mussten ja die Erzieherinnen sein, mit denen er hergekommen war. Niemand weit und breit.

Gerade wollte ich mich dem kleinen Kerl wieder zuwenden, ich setzte schon an, irgendetwas zu sagen, als er plötzlich den linken, jetzt auf dem hochstehenden Pedal ruhenden Fuß senkte und – es war kaum zu glauben! – dann den rechten zögerlich nach unten trat. Er fuhr los. Tatsächlich! Er fuhr langsam, gewiss, aber er fuhr! Sieh an, dachte ich, wobei ich die Arme in die Hüften stemmte und zufrieden schnaufte, mit Geduld kommst du weiter. Grinsend und durchaus ein bisschen stolz darauf, einem etwas beigebracht zu haben, der ganz offenbar ein bisschen schwer von Kapee ist, sah ich meinem Schützling nach. Der nahm nun langsam an Fahrt auf. Macht sich nicht schlecht, dein Fahrschüler, dachte ich. Prima! Gut, mittlerweile war seine Geschwindigkeit schon recht beachtlich. Ich dachte, von mir aus, schneller muss aber nicht sein, junger Freund, denn bedenke, du bist noch Fahranfänger! Der Strahl meiner Gedanken schien ihn nicht zu erreichen, denn das Kerlchen erhöhte das Tempo abermals. Ich fand die Geschwindigkeit, mit der er inzwischen über die Kartbahn hudelte, nun doch entschieden zu hoch. Der kleine Kerl raste ja richtig.

»Langsam!«, rief ich aus, »Kind, mach langsam!«

Keine Reaktion. Und jetzt näherte sich sein Dreirad von strampelnden Tritten bewegt auch noch der Kurve, was beim letzten Mal schon nicht gut ausgegangen war. Und auch diesmal fiel der Junge mit seinem Gefährt viel zu steil ein. Das war ganz klar zu erkennen, viel, *viel* (!) zu steil bretterte er darauf zu. Und nichts deutete darauf hin, dass ihm langsam mal der Gedanke gegenzulenken kommen würde.

»Nach links«, rief ich, und zugegeben etwas hysterisch, »nach links, verdammt!«

Um ihn tobten die Gleichaltrigen: rasende Wagen, Geplärr, enthusiasmiertes Gejohle, während mein Kunde weiter in die Pedale trat, was das Zeug hielt. Wie lebensmüde, will sagen: lotrecht, rauschte der Bengel jetzt auf die Wand zu. Ich rief: »Nach links! Herrgott! Nach ...!« Nun, ich wusste wohl, dass es, soweit jetzt kein Wunder geschah, nicht gutgehen konnte. Unmöglich konnte es gutgehen.

Ich muss hier leider berichten, dass ich recht behielt. Der kleine Kerl donnerte aus voller Fahrt gegen die Bande. Es tat einen erheblichen Rums. Und gleich darauf einen zweiten, als ein Polizeiauto gegen den Quergestellten krachte; ein drittes Mal schepperte es bedenklich, als ein Mädchen mit dem Dreirad auffuhr. Mein Schützling schrie jetzt wie am Spieß, die anderen Kinder fluchten. Und ich spürte, wie ein nervöses Zucken an meinem Auge einsetzte.

Da war ich also. Zuckenden Auges stand ich auf der Kartbahn eines ostdeutschen Hallenspielplatzes. Vor gerade mal einer halben Stunde hatte man mir die Aufsicht übertragen, und schon jetzt war mir meine Aufgabe zweifellos entglitten: Während ich versuchte, die *Scooter*-Wagen aus ihrer Verkeilung zu lösen – mein Schützling war plärrend davongerannt –, witschten in meinem Rücken zwei Bälger unter der Absperrung hindurch und rannten, vom Leichtsinn wild geritten, auf die Betonbahn; während ich zerrte und zog, trat ein Mädchen heran und zerrte und zog seinerseits, allerdings an meinem Hosenbein. Sie sei jetzt auch mal dran, sagte das Kind. Sie schien erzürnt, schob die Unterlippe vor, warf die Stirn in Falten und kreuzte die Arme vor der Brust.

»Gleich«, sagte ich immerhin noch so halb behutsam, während ich mir übers Kinn strich, sinnierend wie das Über- und Ineinander wohl aufzulösen sei.

»Nein, jetzt!« Sie stampfte auf. »Jä-ätzt!«

Keine Chance, nein. Das würde ich keine weiteren fünf Minuten durchstehen.

Okay, ich hatte eine gewisse Ahnung, worauf ich mich einlassen würde. Das schon. Als Volontär bei einer Lokalzeitung habe ich sicher über zwanzig Kita-Feste berichtet, und ich weiß um die Effekte tobender Kinderscharen auf mein Gemüt. Aber ich mag Kinder. Wirklich. Und deshalb hatte ich mir fest vorgenommen, meiner neuen Aufgabe die Stirn zu bieten. Nett zu sein und ruhig zu bleiben, das hatte ich mir vorgenommen. Ich atmete tief durch.

Der *Auto-Scooter* befindet sich im Eingangsbereich der

Halle, dahinter breitet sich der Spielplatz. Hüpfburgen stehen herum, Trampoline, ein Kettenkarussell, ein paar Rutschen, Wippen und ein Kriechtunnel, Kickerkästen und *Airhockey*-Tische. Von dem Gerät wurde reichlich und natürlich lauthals Gebrauch gemacht. Eine buntgescheckte pyramidenförmige Hüpfburg straffte sich und spuckte einen jubelnden Sechsjährigen in die Luft. Bei einem Klettergerüst stoben bunte Plastikbälle auf, als ein Kind, Po voran, krähend hineinstürzte. Noppensockenfüße zogen den Boden unter sich nach hinten und ein halbes Dutzend *Bobbycars* voran in einem tosenden Wettrennen, wobei sich die Autos wie wild aufbäumten. In der Krabbelecke tobte ein Junge, in Windeln, die schon verdächtig tief hingen, nämlich kniehoch. Vorn beim Kettenkarussell wurden atemlos Regeln für eben erdachte Fangspiele vorgetragen, ein Mädchen twistete das Spielbein, während ihre Freundinnen sich etwas zutuschelten. Jungs grölten, einer markierte feixend mit pendelnden Armen den aufrechten Gorillagang, beim Tischfußball schubste jemand jemanden. Überhaupt viel Kabbelei, einer heulte, irgendwer jodelte pubertär (es war dieser wiehernde Tonfall eines sich ankündigenden Stimmbruchs), Mütter mahnten, Väter tranken, eine Pädagogin lehnte sich schnaubend in ihren weißen Plastikgartenstuhl zurück. Die Luft zitterte vom Geschrei der Kundschaft und dem Rauschen der Lüftungsventilatoren und Aufblasekompressoren, und alles war durchweht von einem Parfum aus Fußschweiß, *Penaten* und dem Aroma voller Windeln.

Eine lärmende, rasende, blinkende, nervenstrapazierende Fülle. Ich spürte, wie mein Gehirn hinter den Schläfen anschwoll.

Jemand tippte mir auf die Schulter: Ablösung. Ich solle jetzt mal an die Bar, Eis verkaufen und Luftballons aufblasen. Dankbar stieg ich aus dem Ring. Meine Kollegen sind zum großen Teil selbst noch Schüler, sind lärmerprobt und nervenstark. Ihr Dasein besitzt noch diese jugendliche Schwerelosigkeit; sie berauschen sich noch am schieren Leben. Ich schlafe inzwischen mit Ohrstöpseln und zahle in die private Altersvorsorge ein.

An der Bar ging es gottlob ruhiger zu. Ich stülpte das Ende eines Luftballons über den Stutzen eines Luftballonaufblasapparats. Der Apparat jaulte auf, während er den Gummischlauch füllte. Ultramarin dehnte sich zu Babyblau. Der Ballon machte beim Abziehen leise *plopp*. Zuknoten, ablegen. Nächster. Hundertsechzig Stück sollte ich vorbereiten. Eine monotone Tätigkeit, aber sie tat gut; beruhigte die überreizten Nerven.

Ich hatte gerade ein Dutzend Ballons aufgefüllt, als ein Mädchen, dem zahllose geflochtene Zöpfe vom Kopf standen wie die Sputnikantennen, an den Tresen trat. Ein süßes Kind; sie konnte gerade so über den Verkaufstisch gucken. Ich schätze, sie dürfte vielleicht fünf oder sechs gewesen sein. Also durchaus in einem Alter, in dem man seine Bedürfnisse klar formulieren kann. Schien sie aber nicht weiter zu interessieren.

»Na, was möchtest du denn? Was zu essen, vielleicht?«

Sie schüttelte den Kopf, wobei die Zöpfe heftig hin- und herschlugen.

»Was zu trinken?«

Kopfschütteln.

»'n Eis? Eine Wundertüte?«

Erneut energisches Kopfschütteln.

»Mensch Kind, was willst du?«

Ihre Pupillen wanderten umher, scheu, ziellos. Dann schob sie mir einen Euro hin und guckte mich an.

Bleib ruhig, sei geduldig, sagte ich mir. Auch wenn ich spürte, dass schon eine leise Verärgerung in mir hochkroch ob der Sturheit meiner Kundin. Ein Notfall befreite mich aus meiner widrigen Lage.

Ein Junge, etwa elf Jahre alt, Facon-Schnitt eines US-Marines, Ohrstecker, drängte sich an dem Mädchen vorbei. Es habe, sagte er, um Atem ringend, einen Unfall gegeben, jetzt blute er ganz furchtbar! Der harte Ohrsteckerträger präsentierte ein leidlich aufgeschürftes Knie, mit anderen Worten einen Kratzer. Ich beruhigte das Kind, nahm ein Pflaster aus dem Erste-Hilfe-Kasten – das Ding hängt an prominenter, gut zu erreichender Stelle über dem Tresen – und versorgte die Wunde, wobei der Junge ziemlich erbärmlich schluchzte. Als ich ihn verarztet hatte, war das Mädchen verschwunden. Ich nahm es mit einer gewissen Erleichterung zur Kenntnis. So ließ sich die Arbeit aushalten.

Zufrieden nahm ich mir einen Luftballon und setzte meine Arbeit fort. Doch die Ruhe währte nicht lange.

Der Chef rief mich in sein Büro. Es habe, sagte er, als ich eintrat, Anfragen bezüglich der Eisenbahn gegeben. Ich sollte das jetzt mal übernehmen. Nichts Gutes ahnend folgte ich ihm.

Mein Chef gab mir eine kurze Einweisung am Schaltpult der elektrischen Bahn, dann übernahm ich den Betrieb. Der Job besteht darin, für ein halbwegs zivilisiertes Ein- und Umsteigen zu sorgen (höchstens drei Kinder pro Wagen, maximal zwei im Führerhäuschen), die Bahn in Gang zu setzen und zu bremsen. Diese zweifellos machbar anmutende Aufgabe ist, man soll sich nicht täuschen, geradezu ein Ding der Unmöglichkeit. Ich ermahnte die Kinder, sich an den Griffen festzuhalten, schimpfte, wenn einer aufstand, während die Bahn bimmelnd am Ententeich aus Folie und dem grasenden Plastikpferd vorbei ihre Runden zog. Sie setzten sich, doch sobald sie sich aus meinem Blickfeld wähnten, drückten sie die Knie durch und standen wieder, kichernd, triumphierend im Felsentunnel aus Plastik. Zwei Mal durchs Rondell, das war eine Runde. Nach vier, fünf Fahrten schwand die Begeisterung, die Kinder verdrückten sich, purzelten aus den Wagen, rannten davon. Nur ein Junge war so begeistert vom Bahnfahren, dass er sich kreischend in der Kabine festkrallte, als seine Mutter versuchte, ihn aus dem Führerhäuschen zu heben, er versteifte sich und schrie, als wolle er den Himmel in Stücke reißen. Wir drehten also ein paar Extrarunden. Dann äußerte der Kerl dasselbe Geplärr. Ohrenbetäubend schrill, man rechnet direkt mit einem Tinnitus. Seine Mutter versuchte sich in deeskalierenden Einwirkungen, trug aber inzwischen selbst einen vom Wutstau kirschrot angelaufenen Kopf. Mit Flirren vor den Augen schloss ich schließlich das Gatter und beendete den Eisenbahnbetrieb.

Die Migräne schickt Vorboten. Zwar mögen sich die von Mensch zu Mensch unterscheiden, aber wer ein Migränekranker ist, weiß sofort, was ihm die Stunde geschlagen hat, wenn er zum Beispiel plötzlich geräuschempfindlich wird oder andauernd gähnen muss. Ich habe dieses Flirren (Phase 0). Dann, in Phase I, sehe ich einen Flecken, der pulsiert und Strahlen absondert, der Mediziner spricht von »Aura«. In fünfzig Prozent der Fälle macht mich diese Erscheinung auf einem Auge vorübergehend praktisch blind. Aber das ist noch auszuhalten. Nun kommt der unangenehme Teil: Phase II. In der zweiten Phase befällt mich ein einseitiger stechender Kopfschmerz, meist rechts. Anfänglich ist der Schmerz noch leicht, er beeinträchtigt mich nicht übermäßig, allerdings muss ich spätestens jetzt intervenieren, will ich Schlimmeres (namentlich Phase III) verhindern. Als probates Mittel hat sich folgende Vorgehensweise erwiesen: umgehender Rückzug in einen verdunkelten Raum, hinlegen, Wachspfropfen oder Finger in die Ohren stopfen, in die Dunkelheit starren. Tue ich das nicht, bekomme ich krasse Kopfschmerzen und muss mich wiederholt auf rustikale Weise übergeben. Eine andere Methode der Migränevereitelung ist es, sich gut zuzureden und sich von dem, was die Migräne auslöst, Lärm und Stress zum Beispiel, abzulenken. Ich summe zu diesem Zweck *Hush, Hush (Thula, Thula)* vom Album *An Evening With Belafonte/Makeba* (RCA Victor Studio A, 1965), was ich hiermit allen Betroffenen empfehle; außerdem male ich mir einen Sonnenuntergang am Pool aus. Funktioniert allerdings nur manchmal. Ist die gebotene Art der Intervention, wenn kein Entrinnen ist. Es war kein Entrinnen.

Der Auftritt im Saurierkostüm ist fester Bestandteil der Arbeit. Ich schlüpfte in einen gallegrünen, so gut wie luftdichten Ganzkörperanzug aus Fleecestoff; eine Kollegin zog den Reißverschluss an meinem Rücken hoch bis zum Nacken. Dann setzte ich den Kopf auf, ein grinsender Comic-Saurier mit offenem Maul, in dem runde Zähne saßen. Als ich durch die Halle lief, mal mit wiegenden Bewegungen, mal mit eckigen, wie ein *Break Dancer*, vernahm ich mit einem Mal das Geräusch eilig näher kommender Schritte, wie Getrappel. Die Kinder strömten heran. Anfangs hielten sie sich noch zurück, kicherten in die Hand, wenn ich ihnen winkte, doch bald verloren sie ihre Scheu, wurden aufmüpfig und begannen, an mir herumzuzerren. Sie hielten sich den Bauch vor Lachen, wenn ich mich – zugegeben auch ein bisschen gespielt – zur Wehr setzte, und trieben allerlei Spott mit mir.

Als ich der Bagage schließlich entkommen war, fiel mein trüber Blick auf ein kleines Mädchen mit Schnuller im Mund. Sie saß allein auf ihrem Windelhintern in der

Krabbelecke. Ich winkte ihr zu. Als das Kind mich erblickte, machte es ein recht eigenartiges Gesicht. Wird wohl ein verkniffenes Lächeln sein, dachte ich und ging also kopfwackelnd näher heran. Da fiel dem Mädchen der Schnuller aus dem Mund und die wahre, hässliche Natur seiner Miene offenbarte sich. Das vermeintliche Lächeln war eine Fratze der Angst. Erst schüttelte es ein tonloses Weinen. Und dann, als sich seine Lungen mit Luft vollgesogen hatten, plärrte das Kind los, als sei ihm der Leibhaftige begegnet. Seine Mutter musterte mich vorwurfsvoll, als sie an mir vorbei zu ihrem Liebling stürmte.

Ich machte mich davon, leise summend. (*Thula, thula Mama thula …*)

Es hatte wenig genutzt. Als ich mein Saurierkostüm abstreifte, befand ich mich schon in Phase II, es hämmerte in meinem Kopf. Zum Glück bat mich mein Chef, ihm beim Herstellen der Pizzen zu helfen.

Während mein Boss die Margherita-Rohlinge aus dem Tiefkühler holte, kamen wir ins Gespräch. Mein Chef fand sich bemüßigt, von Vorkommnissen der unappetitlichen Art zu berichten. (Seinen Ausführungen liegt eine gute Portion Gesellschaftskritik zugrunde, das möchte ich vorausschicken.) Brechanfälle seien, so gab mir der Mann zu verstehen, in seinem Business von jeher ein zuverlässiges Phänomen. Allerdings verzeichne er eine steigende Auftrittswahrscheinlichkeit. Die Kinder tobten, obwohl viele von ihnen das Toben gar nicht gewöhnt seien. Zwischenrein stopften sie sich voll bis an den Rand (was sie allerdings gewöhnt seien) und beim neuerlichen Toben werde ihnen dann irgendwann speiübel. (Das Produkt solcher schwallartigen Entleerungen zu entsorgen ist übrigens Aufgabe der Animateure.)

Als ich Kind war, Ende der 1970er- bis Mitte der 1980er-Jahre, gab es so was nicht. Es gab auch keine *Indoor*-Spielplätze damals. Als ich Kind war, war man überhaupt freiwillig nie *indoor.* Nie! *Indoor* sein, das galt Ende der 1970er- bis Mitte der 1980er-Jahre als Strafe. Unsereins war, so oft es nur ging, *outdoor.* Und weder Kälte noch Nebel, kein Griesel, kein Graupel, auch Schnee nicht und kein Hagel, weder Blitz noch Donner, nicht mal eine Windhose oder ein Orkan, ja selbst das Jüngste Gericht hätte uns davon abhalten können, der Enge unserer Kinderzimmer zu entfliehen. Allein unsere Eltern (die wir *selbstverständlich* noch respektierten!) vermochten dies. Ach ja: Und *outdoor* hieß damals natürlich noch »draußen«; so wie *offrail* damals »Feldweg« hieß.

»Draußen«, das war bei uns im München-Waldtrudering der späten 1970er- und frühen 1980er-Jahre meist die Adlerwiese. Eine Grünanlage mit Spielplatz, fünf Fußminuten von unserer Wohnung entfernt, sanft gewellte Wiese nebst hinreichend ausgestattetem Spielplatz, mit Sandkasten, Rutsche und Schaukel, auf deren Sitzbrett wir uns, den Kopf im Nacken, über die Baumkronen in den Himmel schwangen. Als Hauptattraktion aber galt nicht der Spielplatz, sondern ein grünes Dickicht aus Bäumen und Sträuchern, das sich wie ein breiter Gürtel an den Platz schmiegte, ein laubbeschattetes System verschlungener Äste, Zweige und Wurzeln, die wurmartig aus dem schwarzfeuchten Boden stiegen und wieder darin versanken, darüber ein dichtes Dach Blätter. In meiner Erinnerung ist es dort immer Herbst oder Frühjahr, geht ein angenehmer Wind und scheint eine schwache Herbstsonne, manchmal ist der Spielplatz auch in das weiche Licht früher Frühlingstage getaucht. (Die andere leider ebenso prägnante Erinnerung ist, wie ich immer wieder sehnsuchtsvoll die Nase ans Fensterglas drücke, in Erwartung auf das Ende des Hausarrests.)

In dem grünen Gürtel waren wir Kapitän und bucklige Mannschaft auf Landgang, Abenteurer, Expediteure, Erforscher unbekannter Inseln, Robin Hood und Mannen mit Flitzebogen, Steinzeitjäger und Fallensteller. Vor allem die Fallenstellerei hatte es uns angetan, und wir übten uns darin, so oft es ging. Ab und an taten wir das durchaus zum Nachteil eines Spielkameraden, der stets etwas blass war und sich gewählt ausdrückte. Ich trug damals allzeit ein Taschenbuch mit dem Titel *Leben wie Robinson* in meiner Hosentasche herum, aus dem ich lernte, Schneebrillen aus Leder gegen Schneeblindheit zu bauen, Feuer zu machen, mit einem Bindfaden und einem Knochensplitter zu angeln und eben Wild mittels Fallgruben und Fußangeln zu fangen. Das Buch machte mich zum Chefkonstrukteur und Anführer unserer kleinen Gruppe, was ich über mich ergehen ließ. Um die Funktionstüchtigkeit der darin beschriebenen Fallen zu testen, bedurfte es eines Freiwilligen. Die Wahl fiel eigentlich immer auf das besagte kleine Kerlchen. Schon seines schmächtigen Wuchses wegen schien er uns für die auf Kleinwild ausgelegten Konstruktionen ideal. Dass es sich nicht traute zu petzen, mag ein zweiter Grund für unseren Entschluss gewesen sein. Ich kann nun aus einiger Praxis berichten, dass bei Weitem nicht alle im besagten Nachschlagwerk beschriebenen Fallen gleichermaßen gut funktionieren. Eine aber entfaltete eine erstaunliche Effektivität. Es handelt sich dabei um eine Trittfalle, bei der ein mit Sand und Kieseln befüllter Leinensack im Baum hing. Von dort führte ein, des enormen Gewichtes wegen, fast zum Reißen zittrig straff gespanntes Hanfseil zu einer Haltekonstruktion aus Nägeln und einem mit einer Seilschlaufe fixierten Gegenhölzchen. Von dieser Haltekonstruktion nun lief ein schlaffes Stück Seil mit leichtgängiger Fangschlinge am Ende unter ein Bett aus Blättern, das auf einem Rost aus trockenem Reisig über einer Grube lag. Lebhaft ist mir das schneidende Geräusch in Erinnerung, das erklang, wenn sich die Schlinge zuzog. Und wir haben nicht schlecht gestaunt über die Geschwindigkeit und Wucht, mit der es den kleinen Kerl in die Lüfte riss. (Wider Erwarten hielt das Seil, und er pendelte stabil über der Mulde.) Alles in allem handelt es sich bei der beschriebenen Falle um eine, die ich für plötzliche, ungeplante Abkömmlichkeiten aus der Zivilisation mit gutem Gewissen empfehle. (Man errichtet sie auf Wildwechseln und Pässen, besonders geeignet ist sie für Niederwild.)

Natürlich hat uns niemand angezeigt damals, wegen Körperverletzung an unserem Spielkameraden oder, sagen wir, wegen Freiheitsberaubung. (Wir wollten die Testperson natürlich umgehend befreien, aber wir mussten so lachen … es ging nicht, beim besten Willen.) Überhaupt hat man sich nicht, wie das heutzutage Sitte ist, dauernd wegen irgendwelcher Lappalien mit der Polizei oder dem Anwalt gedroht. Und stritt man mal vor Gericht, drehte es sich um handfeste Angelegenheiten, um ein Ereignis von Belang, eine ordentliche Wirtshausschlägerei zum Beispiel. Wenigstens aber hatte der Streit Wirklichkeitswert, drehte sich um einen Kirschbaum, dessen Äste über den Gartenzaun in des bösen Nachbarn Parzelle hingen. Aber damals rief man bei der Allianz an, und eine »höhere Instanz bereinigt[e] die Streitfragen«, wie es in schönem Deutsch in einem TV-Spot aus dieser Zeit heißt. Am Ende schenkte man im Leben wie in der Werbung (!) dem bösen, engen Spießbürger von nebenan noch zum Zeichen der Versöhnung einen geflochtenen Bastkorb voll mit den süßesten Kirschen. Und die Welt war wieder ein Ort der Harmonie.

Ich möchte jetzt gewiss nicht verklärt schwärmen von den alten Zeiten, aber ich kann ja gar nicht anders. Es ist doch so: Heutzutage unterhält man Hallenspielplätze, im TV apostrophieren sich junge Frauen gegenseitig mit dem

F-Wort, wofür ihnen niemand öffentlich den Hintern versohlt, in der U-Bahn plärrt man unablässig seinen Standort ins Mobiltelefon (und zwar dergestalt, dass man die deutsche Sprache gleich doppelt vergewaltigt und beispielshalber, wie ich selbst erlebt habe, beim Einfahren in den U-Bahnhof Heinrich-Heine-Platz in die Sprechmuschel stammelt: »Isch bin Heinrisch Heine.«); so, und zu Hause im Ordner, der neben den Romanen steht, die selbstverständlich aus dem Supermarkt stammen, ist eine Versicherung für jedes erdenkliche Lebensereignis und also wider jedes bisschen Leben abgeheftet. (Ich bin, weiß Gott, kein Befürworter der Züchtigung als Mittel und Weg der Erziehung, aber es schlurft eine Handvoll Individuen über das Erdenrund, die die gelegentliche Überwindung meiner Prinzipien geradezu heraufbeschwören.) Zurück in den Hallenspielplatz.

Als die Pizzen in der Hitze des Ofens buken, sammelte ich mit einer Kollegin Plastikbälle ein, wir lasen pappiges Papiergeschirr auf, ferner mehrere nassschwere Beutel, kalte, feuchte Säckchen aus Taschentuchpapier. Ein Heranwachsender machte sich anheischig zu protestieren, als ich ihn auf das das ganze Leben umfassende Schubsverbot hinwies. Der Bengel äußerte lautstark in wilder Auflehnung was von Bevormundung und ob ich ein Problem habe.

Aus professionellen Gründen beließ ich es dabei und verkniff mir eine Ohrfeige. Was mich allerdings schlagartig in Phase III meiner Migräne warf. Mir wurde leicht übel. (Ich ließ mir aber nichts anmerken.)

Ich habe es oben schon erwähnt, ich mag Kinder. Wirklich. Es ist nur so, ich bin jetzt fünfunddreißig Jahre alt, und da werden die Ohren empfindlich. Das gilt für Jobs in Hallenspielplätzen, insbesondere aber wenn ich meiner gewöhnlichen Arbeit nachgehe oder von der Arbeit geschafft bin und meine Ruhe brauche oder schlafe oder eine Wand anstarren möchte. Also schon eher selten. Es ist auch so, dass die Mordphantasien, die bei Zuwiderhandlung über mich kommen, sich stets auf die Eltern richten, die ihre Nachkommen zu einer Landplage verkommen lassen und unfähig sind, die nämlichen infantilen Querulanten zum Schweigen zu bringen, wenn ich arbeite respektive denke, will sagen, möglichst kluge Gedanken zu denken und schließlich zu Papier zu bringen habe, oder kaputt bin, meine Ruhe brauche oder die Wand anstarre. Selten sind meine Mordphantasien unnötig brutal; ich bin schließlich kein Unmensch. Und ich habe auch überhaupt nicht (!) eine Ausbildung zum Scharfschützen erwogen. Und das obwohl die Vorzüge entsprechender Fähigkeiten auf der Hand liegen. Man greift sich seine *Druganow*, Kaliber .308, visiert den Rabenvater respektive die Rabenmutter an. Den Bruchteil einer Sekunde später ist der Verantwortliche entleibt. (Ich rechne damit, dass fünfzig Prozent der Kinder nach einer eher kurzen geräuschlosen Phase, die vom Schock herrührt, leise wimmert, was voraussichtlich nicht durch das Fenster an mein Ohr dringt. In den andern fünfzig Prozent wird die Brut lauthals losheulen, und ich sähe mich gegen meinen ausdrücklichen Willen zum Nachladen genötigt.) Jedenfalls, man kehrte um ein Problem erleichtert zurück an sein Tagwerk. Natürlich, das Gewissen würde schon an mir nagen. Man tut so was nicht, ich weiß das! Ich lasse es ja auch, sitze da, verabscheue mich für meine Gedanken, drücke meine Wachsstöpsel noch ein bisschen tiefer in den Gehörgang und versuche die Stille in mir auszubreiten.

Der Laden schloss um 19 Uhr. Geschafft und von Speichelfluss und Übelkeit gepiesackt schlich ich nach Hause. Übergeben musste ich mich gottlob nicht. Der Abend war trotzdem gelaufen.

Erschrecker

Ich bin kein Feigling, ehrlich nicht. Ich bin in den Schuppen von der Köhler Marie eingestiegen, wo sie angeblich die Kinder gefangen hielt, die sie zu Salbe machte (was, wie ich herausfand, gar nicht stimmte); auch habe ich mich mannhaft dem Sessellift am Großglockner gestellt. Niemand sah mich zögern oder zaudern angesichts der Gefahr.

Gut, Flugzeuge sind mir nicht vollkommen geheuer. Aber von Angst kann wirklich keine Rede sein. *Hin und wieder* haben mich in der Vergangenheit mal leise Zweifel gepackt an den Gesetzen der Aerodynamik, gut, ja. Aber nur wenn man sehr absackte oder die Flügel zitterten oder sonderbare Geräusche von den Triebwerken kamen. Ich habe für diesen Fall ein, zwei Mal Tranquilizer genommen. Ja, okay, vielleicht auch drei Mal.

Nun hat mir mein Arzt verboten, dauernd Beruhigungsmittel zu nehmen, deswegen stehe ich Gewitter ohne medikamentöse Unterstützung durch. Was überhaupt kein Problem ist. Seit Jahren habe ich mich nicht mehr ins übrigens erstaunlich gut schallisolierte Treppenhaus meines Wohnhauses zurückgezogen mit einem guten Buch, wenn so ein Unwetter herangerollt kam. Ich treffe inzwischen lediglich die gängigen vernünftigen Vorsichtsmaßnahmen. Ich schließe die Fenster, lasse die Rollos herunter und ziehe die Stromstecker. Dann mache ich es mir in einer Ecke meines Zimmers gemütlich. So sitze ich da, pfeife ein fröhliches Liedchen und warte ab, bis der Donner sich verdonnert hat. Überrascht mich ein Unwetter auf freier Flur, stehe ich zugegeben gewisse Ängste aus. Doch ich lasse mir nichts anmerken. Ich schiebe Durst vor und dränge auf Einkehr in eine Wirtschaft. Da ist es ja ohnehin immer gemütlicher als auf freier Flur.

Geisterbahnen sind immerhin ein zu vernachlässigendes Problem. Ich treibe mich schließlich höchstens ein, zwei Mal pro Jahr auf einem Volksfest oder in einem Vergnügungspark herum. Gerät man einmal in ein solches Habitat, kann man sich leicht behelfen. Man informiert sich (möglichst vorher) über die Lage der entsprechenden Etablissements und ersinnt Umwege. Sind aufgrund örtlicher Gegebenheiten keine Umwege möglich, bleibt nur zu hoffen, dass es der Begleitung mit der Geisterbahn genauso geht wie einem selbst. Falls die Begleitung aber im Gegenteil geradezu versessen auf einen Besuch ist, sollte man Ruhe bewahren und eine gewisse Auswahl glaubhafter Ausreden parat haben. (Die man sich ebenfalls möglichst vorher zurechtgelegt hat.) Natürlich ist die Strategie nicht lückenlos. Zwar habe ich eine gewisse Meisterschaft in der Ausarbeitung und dem Vortrag solcher Ausreden entwickelt, aber es half halt nicht immer. Allein fünf Fahrten musste ich durch das *Geisterschloss* auf dem Münchener Oktoberfest unternehmen, nur um vor meiner jeweils aktuellen Freundin nicht als Memme dazustehen. So kommt es, dass ein paar ganz widerwärtige Einblicke ins Innenleben solcher Gruselhäuser meine Erinnerungen besudeln. Das Grausen packt mich schon, wenn ich an das unheilvolle Lachen und jenes finstere Grollen denke, das über den bunten Festplatz heranweht, sobald man sich der Geisterbahn nähert. Von den optischen Belästigungen gar nicht zu reden. Ein Gefühl grässlicher Unruhe steigt in mir auf, wenn ich mich an die klappernden Knochen erinnere und all die durch Grabesfäule verunzierten Gestalten.

Natürlich gehe ich nicht hausieren mit meiner Angst, nicht dass sie mir peinlich wäre, aber wozu andere Leute behelligen, sie haben vermutlich ihre eigenen Sorgen. (Zum Beispiel sind sie gerade unsicher, ob man Lederstiefel mit Fellbesatz in der kommenden Wintersaison noch tragen kann, oder was zu tun ist, damit die dunklen Naturlocken glänzend und gepflegt aussehen.) Aber vielleicht hätte ich den Mund nicht so voll nehmen sollen, als aus der Redaktion der Vorschlag kam, ich könnte mich doch für meine Nebenjob-Kolumne als sogenannter Erschrecker in einer Geisterbahn versuchen. »Na klar!«, sagte ich. Und »Schöne Idee!«, sagte ich auch noch, nur um mir den Spott zu ersparen. Ich hätte mich ohrfeigen können!

Und so stieg ich also ein paar Tage später aus einem U-Bahn-Schacht an die Oberfläche und hielt auf das *Geisterhaus* zu. Es war kalt, Januar, britisches Wetter. Waagerechter Regen schlug mir ins Gesicht.

Das *Geisterhaus* befindet sich in einem ehemaligen Luftschutzbunker. Das Gebäude, ein mächtiger Betonklotz, ragt bedrohlich in den Himmel. Schauer durchfuhren mich beim Anblick des Ortes. Am liebsten hätte ich auf der Hacke kehrtgemacht. Doch mein Bericht war bestellt, der Abgabetermin stand und es blieb keine Zeit, ein neues Thema zu recherchieren. Also atmete ich tief durch. Und dann trat ich ein.

Vor mir lag ein kalter, dunkler Gang. Ich vermag nicht zu erklären, woher diese Empfindung rührte, aber von diesem Gang ging ein eigenartiger, schwindelerregender Sog aus. Er besaß jene beunruhigende Anziehungskraft, wie sie von Untiefen, Abgründen manchmal ausgeht. Ich redete mir gut zu, hieß meine Empfindung Unsinn und schob sie auf meine Ängste. Vorsichtig setzte ich einen Fuß in den Gang. Dunkelheit schmiegte sich an meine Wade, ein kalter Hauch strich über mein Bein.

Ich war nur wenige Meter gegangen, als sich eine Abzweigung abzeichnete. Bei der Vorstellung, was dahinter auf mich warten würde, schauderte ich. Zombievisagen stiegen vor meinem inneren Auge auf, leichenblasse

Kasperlegesichter mit krummen Nasen und blutunterlaufenen Augen. Unwillkürlich stützte ich mich an der Wand. Doch die Wand schien unter meiner Hand zur Seite zu kippen. Hastig zog ich sie zurück. Dann bog ich vorsichtig um die Ecke.

Der Gang verzweigte sich ein zweites Mal und führte, wie ich dann sehen konnte, nur noch ein paar Meter weiter. An seinem Ende, wenige Schritte von meinem Standpunkt entfernt, leuchtete in einem gleißenden Licht etwas, das aussah wie ein Schaukasten für anatomische Präparate. In dem Licht zeichnete sich ein Schatten ab, offenbar der Kopf einer vornübergebeugten Person. Ich wollte endgültig umkehren – doch meine Füße liefen mechanisch weiter. Jetzt konnte ich erkennen, dass es sich bei dem Kasten um das Kassenfenster handelte, und auch die Gestalt sah ich nun deutlicher. Sie hatte blondes, dünnes Haar, das ihr wüst vom Kopf stand; augenscheinlich handelte es sich um eine Frau. Was für eine merkwürdige Erscheinung, dachte ich. Ihre Haut war blass und von einem eigenartigen Glanz. Offenbar hatte sie meine Schritte vernommen, denn mit einem Mal hob sie den Blick. Sie musterte mich aus glühenden Augen. Eiseskälte fuhr mir in die Glieder, meine Hände zitterten. Ich musste etwas sagen, wollte mich vorstellen, doch mir brach die Stimme. Die Unbekannte sah mich an, entsetzlich lange, dann hob sie ihrerseits an. Es schnürte mir die Kehle zu: Unheimlich höflich bat sie mich zu sich herein.

Der Raum hinter dem Leuchtkasten des Kassenfensters war weißgekachelt und von Neonlicht durchflutet, der Boden verstellt mit Kartons. Ein Kleiderständer stand herum, allerlei Gerümpel, auf einer Kiste lag eine scharlachrote Perücke, an einer Garderobe hingen schwarze Umhänge und ein halbes Dutzend Masken, langgezogene, grotesk verzerrte Gesichter: der Kopf eines greisen Mannes, ein Clownsgesicht mit Reißzähnen, ein Frankenstein-Monster, das aus traurigen Augen blickte. Die Frau bot mir einen Sitzplatz an. Zögerlich ließ ich mich nieder. Abermals heftete sie die Augen auf mich. Wie es denn um meine Nerven bestellt wäre, wollte sie wissen. (Sie musste wohl die Chefin des Hauses sein.) Ich log eilig und sagte, ich sei auf alles gefasst. Die Frau lächelte schmal und nickte wissend. Ich solle warten.

Es ging mir gar nicht gut, weiß Gott. Meine Hände hatten sich selbständig gemacht und unter den Achseln versteckt, meine Kehle war staubtrocken, die Zunge klebte mir am Gaumen. Die Frau saß schweigend über irgendeiner Arbeit; buckelig wie der *Glöckner von Notre Dame* über Papiere gebeugt, ließ sie ihren Stift eilig über ihre Unterlagen wandern. Es war eigenartig: Wir waren allein, sie schien gänzlich in ihrer Tätigkeit versunken, und trotzdem hatte ich das unbestimmte Gefühl, beobachtet zu werden.

Da sprang plötzlich die Tür auf. Ich schoss hoch wie von einer Nadel gestochen und fuhr herum. Durch den Türrahmen trat aus einer vollkommenen Dunkelheit eine kleingewachsene Gestalt. Ein Mann mit verschatteten Augen, der etwas widerlich Flinkes an sich hatte. Die Frau sah auf, ließ den Blick aber wieder sinken, ohne ein Zeichen besonderer Rührung. Die Gestalt kam auf mich zu.

Mein Herz schlug heftig. Und als der Unbekannte vor mir stehen blieb, dachte ich, es wolle mir vor Furcht im Leib zerspringen. Sein Name, sagte der Fremde, sei Farouk El-Amawy, er sei mein Kollege. Ich schluckte. Wie ferngelenkt erwiderte ich den Gruß, und wir gaben uns die Hand, wobei Farouk mich freundlich anlächelte. Langsam wich ein wenig Anspannung.

Alles Weitere ging ziemlich schnell. Die Frau gab mir ein paar Anweisungen, ich schlüpfte in einen schwarzen Umhang, stülpte eine Maske mit dem Gesicht eines Zombies über und stieg nur einen Augenblick später hinter Farouk ein dunkles Treppenhaus empor. Mein Vordermann öffnete eine Metalltür, die wie im Horrorfilm in den Angeln knarzte. Vor uns lag finster wie die Nacht das Betonlabyrinth.

Der Anflug von Gelassenheit war schlagartig wieder verflogen. Längst verdrängte Erinnerungen an meine unfreiwilligen Geisterbahnbesuche stürmten auf mich ein: Ein Höllenkochtopf, um den wild die Flammen schlugen, darin schmorten glatzköpfige Gestalten mit abgeschnittenen Zungen, Kobolde, die mich mit ihren Blicken durchbohrten, ein Rübezahl, Voodoo-Hexen! Ich spürte, wie mein Kopf zwischen die Schultern sank. Auch Farouk stülpte nun seine Masken über. Und als er mich ansah –

er trug jetzt das Gesicht eines Gnoms mit langen Zähnen –, bekam ich gute Lust, schreiend davonzulaufen. Doch ich biss mir auf die Zunge. Bebend stand ich vor ihm. Mein unheimlicher Tutor bedeutete mir, ihm zu folgen.

Wenn ich ehrlich sein soll, ich kann dem gesamten Horror-Metier – Filme, Bücher, *Bastei*-Hefte – herzlich wenig abgewinnen, und wo es möglich war, habe ich um solcherlei Machwerk einen weiten Bogen gemacht. Gelegentlich ging das nur durch schändliche Ausreden, und leider musste ich eine Zeitlang von diesen Ausreden ziemlich häufig Gebrauch machen. Denn meine Freunde waren praktisch die ganzen Neunzigerjahre hindurch geradezu besessen von Horrorfilmen. Um mich dem zu entziehen, musste eine Ausrede her, die glaubwürdig war. Ich behauptete, Horrorfilme aus cineastischen Gründen abzulehnen. Leute, sagte ich zum Beispiel, wenn mal wieder so ein Filmabend geplant wurde, vor den Regalen einer Videothek, Leute, das ist mir dramaturgisch echt zu stereotyp. Kommt schon, immer diese Masche mit dem Unvorhersehbaren. Total vorhersehbar! Und diese Dunkelheit, völlig undifferenziert, jetzt mal rein bildlich betrachtet. Und erst die Stories! Hier zum Beispiel. Ich griff nach einem Cover. Was steht drauf? Hm? »Erst lacht sie über den Fluch der Zigeunerin. Doch dann ist sie zu tot, um zu weinen.« Also bitte!

(In Wahrheit handelt es sich hierbei um den Umschlagtext meiner Ausgabe von Agatha Christies *Mord nach Maß*, dem einzigen Gruselroman, den ich besitze. Was, glaube ich, aber keiner gemerkt hat vor lauter Augenrollen.)

War kein Entkommen, habe ich es mit einer Strategie der Objektivierung versucht. (Es erübrigt sich wohl zu sagen, dass ich den Vorführungen mit ziemlicher Anspannung beiwohnte.) Man sagt sich einfach, Geister gibt es nicht, sind Hirngespinste, und so hirnverbrannt wie die Opfer in Horrorfilmen ist in Wirklichkeit niemand. Ist doch wahr. Das ganze Schlamassel, Tragik und Tod dieser Menschen fußen doch im Wesentlichen auf einer Unbedarftheit, die völlig unrealistisch ist. Nimmt man beispielshalber als Studentin in einer mondlosen Nacht einen Anhalter von einem verlassenen Highway auf, wird einen dieser Anhalter zerstückeln. Entschuldigung, aber das weiß nun wirklich jeder. Wie auch zweifellos jedermann weiß, dass einem jene Außerirdischen mit den bösen Gesichtern das Gehirn aussaugen, wenn man sich mit ihnen einlässt. Außerirdische mit bösen Gesichtern tun so was nun mal, weshalb man auch auf diesen Typen von den Streitkräften hört und ihre Ufos mit Atomraketen vom Himmel holt. Obwohl das alles allgemein bekannt sein dürfte, lassen sich Jahr für Jahr Hunderte Horrorfilmopfer mit Anhaltern ein, pflegen Nachbarschaft mit Serienmördern und rollen den grünen Aliens den roten Teppich aus, platzieren womöglich eine Blaskapelle daneben. Ha, ha!, denke ich dann, völlig unglaubwürdig, so was gibt's nicht in echt. Hat zwei, drei Mal funktioniert, doch, doch …

Wir schritten durch die Finsternis, Farouk voran, ich hielt mich vorsichtshalber im Rücken meines Kollegen.

Auch wenn mir mein Tutor unheimlich war, so war ich doch ziemlich froh, diesen Gang nicht alleine unternehmen zu müssen. Eigentlich hätte mich das erwartet, denn den Parcours ohne Begleitung zu gehen ist so eine Art Aufnahmeprüfung für Anwärter auf den Job des Erschreckers. Der Test ist härter, als die meisten Bewerber annehmen. Zwei Drittel scheiterten daran, hatte meine Chefin gesagt, sie machten nach ein paar Metern wieder kehrt (ziemlich zackig teilweise.) Meine Chefin lässt die Erschreckerarbeit ausschließlich Männer besorgen. Frauen, sagte sie, könne sie das nicht zumuten.

Vor uns lag eine offenbar weitläufige Anlage mit verwinkelten Gängen, Abzweigungen und zahllosen dunklen Nischen. Unsere Tour führte uns durch einen Wald, der fahl schimmerte, wie von einem Mond beschienen. Aus einer unbestimmbaren Entfernung sang eine Eule ihr Lied und der Kunstnebel floss ausgesprochen gruselig über den Boden. Wir passierten einen Friedhof, wo reglos, wie in Stein gehauen, schwarzgewandete Gestalten standen. Sie trugen Spitzmützen wie die Henker des Ku-Klux-Klans. Weiter liefen wir durch die Finsternis. Irgendwo im Nichts zuckten plötzlich Blitzlichter auf, aus einer Ecke drang ein qualvolles Stöhnen, und mit einem Mal schrie irgendetwas markerschütternd laut und wirklich unnötig nah. Ich wollte umkehren, natürlich, doch ich hätte mich in dem Labyrinth bestimmt heillos verlaufen. Und so blieb ich dicht an meines Tutors Fersen.

Nachdem wir unsere Runde gegangen waren, unterwies mich Farouk in seinem Handwerk. Drei Lektionen sollte ich lernen. Erstens: Geisterhaft aus dem Nichts erscheinen und wieder darin verschwinden. Farouk machte es vor. Er schritt auf einen Schatten zu, drehte sich langsam zu mir und – war mit einem Mal verschwunden. Ich dachte noch: Himmel! Wie macht der Kerl das bloß? Als eine Handbreit vor meinem Gesicht sein Antlitz aufblitzte, kreuzhässlich und wirklich sehr plötzlich. In diesem Moment glaubte ich, mir schwänden die Sinne.

Als ich mich wieder gefangen hatte, weihte mich der Gnom in seinen Trick ein. (Es ist ganz einfach, so simpel, dass ich fast ein wenig enttäuscht war. Man hebt halt den Umhang vors Gesicht.)

Lektion zwei: Trampeln. Das konnte ich auf Anhieb, ich habe da offenbar ein gewisses Talent. Aber ich möchte nicht prahlen. Wir überspringen daher die Feinheiten der Prozedur und kommen zu Lektion drei: Grunzen wie ein Vieh. Was deutlich schwieriger ist. Das Grunzen bereitete mir, ich gebe es zu, einige Probleme. Es klang wirklich etwas dünn, wie auch meine Freunde sagten, denen ich es nachher vorgemacht habe. Ja und *meinetwegen, möglicherweise* klang es auch ein bisschen asthmatisch. Aber schon wie ein Tier! Von mir aus auch wie ein *kleines* Tier. Gut, okay, ja: Ich klang wie ein kleines Tier mit Asthma. Machen wir es kurz, Farouk empfahl mir zu trampeln.

Wir waren gerade mit dem Unterricht fertig, als mein Tutor mit einem Mal innehielt. Er hob den Zeigefinger zur Ruhe, lauschte in die Finsternis. Dann bedeutete er mir erneut, ihm zu folgen. Die erste Besuchergruppe hatte den Parcours betreten.

Wir eilten rasch Richtung Eingang; unweit der Tür drückten wir uns gegen eine Wand. Wir waren eins mit den Schatten, wie man so sagt. Was sich übrigens eigenartig normal anfühlt, wie in einer Wohnung rumstehen oder so. Aus einiger Entfernung vernahmen wir wispernde Stimmen, zögerliche Schritte und überspanntes Gekicher.

Vorsichtig liefen die Heranwachsenden voran. Ein Mädchen hielt sich bei einem zweiten am Arm fest, ein Junge tat nervöse Seitenblicke, ein weiterer – er sah besonders strapaziert aus – presste krampfhaft seine zerknüllte Jacke an sich. Ihre Augen hatten sich noch nicht an die Dunkelheit gewöhnt und so sahen sie fast nichts. Sie waren nur ein paar Meter gegangen, als mit einem Mal etwas aus dem Nichts auf sie zuschoss. Die Gestalt riss die Arme hoch, entblößte ihre bleiche Fratze und grunzte fürchterlich.

Es war förmlich wie ein Bombeneinschlag. Schreiend stoben die Jungs und Mädchen auseinander; ein zartes Geschöpf fiepte regelrecht, sie tippelte auf der Stelle und wedelte mit den Händen, als habe sie sich die Finger verbrannt. Ein Junge brüllte und stürzte vornübergebeugt davon. Im Nu war Farouk, der hinter der furchtbaren Erscheinung gesteckt hatte, wieder verschwunden. Er kam zurück in unser Schattenversteck. (Ich fuhr ziemlich zusammen, als er plötzlich wieder neben mir stand.) Wir überließen sie ihrer Angst und huschten in langen Sätzen zum Friedhof.

Farouk hatte sich, wie er mir erklärte, eines psychologischen Tricks bedient, um diesen ungeheuren Effekt zu erzielen. Die Methode basiert auf einem eigenartigen Phänomen, das man als *Angstübertragung* bezeichnet. Zeigt ein Mensch Angstverhalten, so erzeugt er unweigerlich bei seinen Mitmenschen körperliche Reaktionen der Furcht, der Flucht und Verteidigung (Anstieg des Blutdrucks, des Pulses, Adrenalinausschüttung und dergleichen). Vor diesen Reaktionen ist niemand gefeit, wenngleich sie von Mensch zu Mensch, je nach Konstitution, natürlich unterschiedlich stark ausgeprägt sind. Und der Effekt ist, wie man sich denken kann, umso größer, je bedrohlicher sich die Gesamtsituation darstellt. Die Erschrecker machen sich dieses Phänomen nun auf besonders hinterhältige Weise zunutze: Sie suchen sich das zartfühlendste Mitglied einer Gruppe heraus und richten ihren Angriff auf dasselbe. Weil der größte Hosenwackler am stärksten reagieren wird, ist prinzipiell die Angstübertragung auf die anderen Gruppenmitglieder maximal. Selbst der Allermutigste reagiert nun unwillkürlich mit panikartigem Verhalten, wenn auch (zunächst noch) vergleichsweise schwach. Hier kommt nun ein zweiter psychologischer Effekt ins Spiel: Das Verhalten eines Menschen ist nicht allein Ausdruck einer Gefühlsregung oder eines Denkvorganges, es kann auch in dem, der es zeigt, beispielsweise aus einem Affekt heraus, das zugehörige Gefühl auslösen. Wer lang genug miesepetrig guckt, wird irgendwann ein Miesepeter. Das ist erwiesen. Und die Beispiele sind zahlreich. Und um zurück zum Thema zu kommen: Selbst der Mutigste bekommt es irgendwann mit der Angst zu tun, wenn er sich nur oft genug wie ein Angsthase verhalten hat. Auf diese Weise breitet sich die Furcht in der Gruppe aus, und zwar mit erstaunlicher Geschwindigkeit. Farouks Vortrag, den ich hier nur dem Sinn nach wiedergeben kann, schien mir schlüssig, nur eines irritierte mich. Und so fragte ich ihn, woran er denn erkennen könne, wer jeweils der größte Feigling in einer Gruppe sei. Farouk lächelte. »Läuft immer in der Mitte, da wo er sich am sichersten fühlt«, sagte mein Tutor. Dann lachte er schaurig.

Auf dem Friedhof, knietief im Nebel, versuchte ich es selbst, und obwohl ich zunächst fast gestorben wäre vor Angst, so allein im Dunkeln, ging es ganz gut. Als ich aus einem Schatten stolperte, brüllten die Jugendlichen, als ob ich ihnen ans Leben wollte. Ein Junge erstarrte und lief schlagartig bleich an wie ein Knochen. Am liebsten hätte ich ihn in den Arm genommen, um ihn zu beruhigen. Ich ließ es dann lieber doch.

Mein Erfolg war nicht mehr als Anfängerglück, wie

sich bald herausstellte. Denn schon mit meinen nächsten Versuchen scheiterte ich kläglich. Ich erntete kaum mehr als reflexhaftes Zusammenzucken. Ein Fünfzehnjähriger, der neben seiner Freundin stolziert war, mit geschwollener Brust, warf mir sogar frech Kusshändchen zu.

Farouk indes war wiederholt unfassbar erfolgreich. Wo er auftrat, machte sich eine unsagbare Panik breit. Es musste also noch mehr Tricks geben, als ich kannte. Vielleicht war ich aber auch deshalb so erfolglos, weil ich, meinerseits von Angst geplagt, nur zaghaft vorging; womöglich hielt ich mich auch unbewusst zurück, weil mir die Besucher leidtaten und ich ihnen den Aufenthalt so angenehm wie möglich machen wollte. Andererseits merkte ich natürlich, dass manche eine regelrechte Lust an der Furcht zu empfinden schienen. Was sollte ich also tun? Ich stand vor einem inneren Konflikt. Und natürlich vor einem Rätsel. Warum taten sich Menschen derlei Aufregung freiwillig an?

Ich für meinen Teil jedenfalls habe derart abartige Gelüste nie verspürt. Nie! Na ja, zugegeben, einmal schon. Aber es war ein kurzes Vergnügen, eine kleine miese Affäre mit dem Schrecklichen.

Damals, es muss 1991 oder 1992 gewesen sein, kursierte in unserem Freundeskreis eine Ausgabe des *Sechsten und Siebenten Buches Mose.* Es handelt sich dabei um eine Art Lehrbuch der Schwarzen Magie, ein Kompendium des Okkultismus. Die Schrift enthält zahlreiche Zaubersprüche, Banne und dergleichen. Sowie, wenn ich mich recht erinnere, Anleitungen zur Herstellung magischer Salben und Getränke aus Alraunwurzel, Jungfrauenblut und anderen unappetitlichen und schwer zu beschaffenden Substanzen. Verfasst hat die fragwürdige Schrift angeblich der biblische Moses selbst. Was genau ihn dazu getrieben haben mag, ist nicht bekannt. Irgendwer, vermutlich derjenige, der das Buch in unserem Freundeskreis in Umlauf gebracht hatte, muss irgendwann auch das Gläserrücken etabliert haben. Jedenfalls war das in diesen Tagen bei uns ähnlich angesagt.

Unser Gläserrückerzirkel traf sich stets abends in kleiner Runde. Man hatte am Haus des Zeremonienmeisters geläutet, meist war das Jan. Mit seiner liebenswürdigsten Miene hatte man die Eltern begrüßt. Auch sonst gab man sich so geschliffen, höflich und wohlgeraten wie nur möglich. Auf diese Weise versuchte man die Erziehungsberechtigten einzulullen. Es galt schließlich, ja keinen Verdacht zu erregen. Man drang also zu Jans Zimmer vor, entschuldigte sich mit Verweis auf die angeblichen gemeinsamen Lernstunden, klopfte und schlüpfte durch einen möglichst schmalen Türspalt hinein.

Das Zimmer war in Kerzenlicht getaucht, in einem Holzhalter glommen Räucherstäbchen in kleinen roten Glühpunkten. Auf dem Plattenteller drehte sich eine LP von *Led Zeppelin* oder *Black Sabbath.* Bands, die, wie allgemein bekannt war, satanische Botschaften in ihren Liedern verbargen. Hätte man ihre Platten rückwärts abgespielt, sie wären ohne Zweifel zu hören gewesen, aber natürlich spielte niemand seine Platten rückwärts ab, schon aus Sorge um das sauer verdiente Vinyl. Man trat wortlos an seinen Platz, nickte den Versammelten zu, wobei man darauf achtete, einen möglichst bedeutungsschweren Blick aufzusetzen, sank auf den Boden und war nun Teil einer düsterfeierlich gestimmten Geheimbruderschaft. Die Zeremonie begann, indem der Vorsitzende eine Verbindung zu einer armen Seele herstellte. Die war gefangen zwischen Diesseits und Jenseits oder geisterte hilflos zwischen verschiedenen Dimensionen umher. (Es gab da unterschiedliche Versionen.) Dann lauschten wir in die Totenwelt.

Es war unfassbar: Nach einer Weile begann das auf den Rand gestürzte Glas unter unseren Zeigefingern zu zittern. Schauer der Verzückung durchfuhren die einen, und eine abgrundtiefe Angst erfüllte die anderen (mich). Mit einem Ruck setzte sich das Glas in Bewegung.

Was sich dann vor meinen Augen abspielte, überstieg alles, was ich bis dahin erlebt hatte. Zielsicher glitt das Glas über den Pappkarton mit den aufgemalten Buchstaben und Hexenzeichen, buchstabierte Wörter und ganze Sätze. Wir befragten den Geist nach unserer erotischen Zukunft und unseren Aussichten auf Plattenverträge, und was immer wir wissen wollten, er gab uns Antwort. Beim ersten Mal wäre ich fast vor Aufregung gestorben. Ich befürchtete, mir einen Fluch einzufangen oder von Gottes Zorn niedergestreckt zu werden, sobald ich auf die Straße treten würde.

Doch dann stieg in mir, bitter wie Galle, die Skepsis hoch. Konnte das alles wirklich wahr sein? Ich beschloss, den Geist zu testen. Und als schließlich die Runde an mir war, stellte ich ihn mit einer Frage auf die Probe, die ein etwaiger Betrüger – denn ich witterte Betrug – unmöglich beantworten konnte. Um es abzukürzen: Das Glas sagte voraus, dass es nichts werden würde mit Conny Fröhlich und mir, und als sie mir eine Woche später trotz astreiner Vorbereitung meiner Aktion an einem lauschigen Abend am Baggersee tatsächlich eine Abfuhr erteilte, gefror mir das Blut in den Adern. Fortan aber war ich süchtig nach unseren Sitzungen. Wann immer es sich einrichten ließ, arrangierte ich ein Treffen. Von ängstlicher Erregung wie benebelt las ich in der Zukunft, ich sprach mit meinen Ahnen und erfuhr die alleraufregendsten Dinge über Conny Fröhlich.

Das ging so ein paar Monate. Dann eines Abends, ich weiß nicht mehr wie, flog der Betrüger auf. Es war Jan, dem es auch am ehesten zuzutrauen war. Zwar beteuerte er unter Schwüren auf seine Mutter, nur dieses eine Mal geschoben zu haben. Aber ich hatte es irgendwie satt und ging nicht mehr hin. Die Lust an der Angst war mir endgültig vergangen.

Conny Fröhlich bekam ich übrigens doch noch herum. Mit großem Geschick verhalf sie meiner Lust zahlreich zu herrlicher, nicht gekannter Erfüllung. Angst und Vergnügen gehen seither getrennte Wege.

Mit einem ohrenbetäubenden Lärm schlug die Tür in die Angeln. Das Krachen wurde von den Wänden heftig hin und her geworfen, nur langsam verhallte es in den weiten Bunkergängen. Wir hatten die erste Schulklasse durch die Anlage gescheucht.

Mir war mittlerweile etwas leichter ums Herz, die Arbeit als Geist hatte meine Furcht ein wenig besänftigt. Ich konnte Farouk nun ins Gesicht sehen, ohne dass mein Atem ins Stocken geraten wäre. Auch in der Dunkelheit hielt ich es einigermaßen aus, ohne vor Nervosität kirre zu werden. Doch es war ein vorübergehender Effekt, wie ich später auf furchtbare Weise erfahren sollte. Inzwischen betraten die nächsten Gäste den Parcours.

Wie laut Erschrecker stampfen, grunzen und greinen, hängt maßgeblich vom Alter und dem Gesundheitszustand der Kundschaft ab. Farouk und ich malträtierten kleine Kinder mit Augenmaß, auch gegen Senioren gingen wir behutsam vor. Niemand will einen Herzinfarkt riskieren oder schuld sein an einem Trauma. Körperkontakt vermieden wir ganz, eine Anweisung der Chefin. Ihre Mitarbeiter haben schon Kinnhaken kassiert, wurden mit Schmetterlingsmessern und Totschlägern bedroht.

Ich hatte mich hinter einer Art Tarnnetz verborgen, um eine neue Spuktechnik zu üben; meine Aufgabe war, das Netz zu schütteln und dazu so grässlich zu lachen, wie ich nur konnte, sobald Kundschaft daran vorbeilaufen würde. Farouk lauerte in ein paar Metern Entfernung in einem dunklen Winkel, von dort würde er heraussspringen, sowie die Besucher durch meinen Auftritt verstört kreischend weggerannt wären. Sie wären dann Gefangene, denn zurück konnten sie nicht, dort stand ein Gespenst (ich) hinter dem Vorhang, nach vorne ging es nicht, von dort kam der Gnom (Farouk).

Doch unsere kleine Aufstellung, die im Übrigen prächtig funktionierte (sie schrien wie keiner aus der vorherigen Gruppe), war erst das Vorspiel einer noch viel gemeineren Inszenierung.

Die zwischen zwei Spukgestalten gefangenen Besucher hatten nur zwei Möglichkeiten, ihrem Geschick zu entkommen, und zwar entweder, indem sie nach rechts in die Dunkelheit rannten oder links in einen hell erleuchteten Raum flohen, der etwa auf halber Höhe zwischen Farouks Versteck und dem meinen lag. Nun besitzt das Licht, wie man sich denken kann, eine mächtige Anziehungskraft, wenn man, von Dunkelheit umspült, aus lauter Angst halb besinnungslos geworden ist. Wie eine Mücke auf den Insektenvernichter fliegt, rennt der Mensch darauf zu, geradezu kopflos stürzt er sich auf alles Helle. Auch dies ein Verhalten, das wir aufs Perfideste ausnutzten. Der Raum, in den auch tatsächlich alle Besucher stürmten, ausnahmslos, sogar solche, die zum zweiten Mal an der Stelle vorbeikamen, ist eine Sackgasse. Und wer wieder hinauswill, der sieht sich durch das von oben schräg einfallende Licht eines Deckenscheinwerfers geblendet. Der Effekt, den diese simple Vorrichtung hat, ist ganz enorm. Denn wer auf solche Weise geblendet wird, sieht vor sich nichts als eine undurchdringbar schwarze Wand.

Vor so einer Wand standen nun die Besucher, bebend, zaudernd, und wir sprangen heraus und auf sie zu. Eine unfassbare Panik umtobte uns.

Meine nächsten Opfer waren zwei Mädchen, die offenbar den Anschluss an ihre Klassenkameraden verloren hatten und nun fest umschlungen durch die Finsternis tapsten. Als ich mit einem Mal vor ihnen stand und *buh!* machte, schrien sie wie irre geworden. »Bitte nicht verfolgen«, wimmerte die eine, als sie davonrannten. Es lief wieder besser. Kaum waren sie aus meinem Blickfeld, wurde am anderen Ende des Bunkers neuerdings die Eingangstür zaghaft aufgeschoben.

Nach vier Stunden Arbeit war ich völlig geschafft. Schweißtropfen rannen über mein Gesicht, dick und zahlreich, meine Füße schmerzten. Ich hatte das nicht erwartet in dieser Härte, aber der Erschreckerberuf ist eine furchtbare Rennerei, ständig stürzt man aus einem Versteck oder geistert irgendwo herum. Bis zu sechshundert Gästen verpassen die Erschrecker auf diese Weise pro Schicht eine Gänsehaut. Der Lohn für die Plackerei ist mäßig, er liegt etwa auf dem Niveau eines Jobs im Fastfood-Restaurant, 6,50 Euro circa.

Als ich schließlich nach zwei weiteren Stunden aus dem Bunker trat, sank die schwache Wintersonne auf die Skyline, der Abend dämmerte. Ich lief nach Hause und hielt, ohne es zu ahnen, auf einen Abgrund der Angst zu. Es wurde eine schreckliche Nacht. Ich erwachte gegen zwei Uhr von meinen eigenen Schreien. Gegen vier schlief ich wieder. Selbstverständlich bei angeschaltetem Licht.

Klomann

1997 – ich hatte gerade die Schule beendet und der Zivildienst stand bevor – packte ich meine Sachen und zog nach Berlin. Wenn ich schon dreizehn Monate für den Staat schuften musste, dann wenigstens in einem Umfeld, das sattsam Angebote zur Zerstreuung bot. Es war vom ersten Tag an ein einziges Abenteuer. Auswandern, fand ich, hätte kaum aufregender sein können.

Ich bewohnte damals ein Apartment im Ost-Berliner Bezirk Friedrichshain, Hinterhof, erstes OG, in einem der wenigen kurz nach der Wende eilig sanierten Mietshäuser; ein blassblauer Steinquader im Grau der Straßenzüge. Heute ist in der Gegend der Charme des Verfallenen fast völlig unter frischem Putz und Farbe verschwunden. Jedes bisschen Berlin, vor allem Ost-Berlins, und war es noch so alltäglich, empfand ich damals, aus dem saturierten Süddeutschland stammend, als mittlere Sensation. Im Winter stieg der beißende Geruch der Kohleöfen aus den Schornsteinen, was mich zu romantischen Schwärmereien veranlasste, hatten wir Berliner Tauwetter, stank es aus allen Gullys nach Verwesung, was ich natürlich für schrecklich urban hielt. Und an allen Enden krachten Welten aufeinander. An den Currywurstbuden trafen Punks auf Diplomaten, Pensionäre tanzten sich mit Studenten in Keller-Clubs zu Techno-Musik in Ekstase, Rentner trugen ihre Lidl-Einkäufe in Beuteln aus dem DDR-Kunststoff Dederon nach Hause. Mietshäuser wurden besetzt, Wagenburgen errichtet, epochemachende Verhandlungen geführt. Kurzum: Berlin war das Versprechen auf ein turbulentes, aufreibendes Deutschland gewesen, was sich nun allenthalben einlöste.

Um mich von den geisttötenden Strapazen meiner Arbeit in einem Krankenhaus zu erholen – ich verdingte mich als Lagerungspfleger und hievte sedierte Menschen auf OP-Tische, was so langweilig ist, dass man auf der Stelle tot umfallen möchte –, ging ich in dieser Zeit viel aus. Meist mehrmals die Woche trieb ich mich nachts herum, suchte das Abenteuer und fand es reichlich. Ich besuchte Nachtclubs, die das Ordnungsamt in München und jeder anderen deutschen Stadt ohne viel Federlesens geschlossen hätte, trank mit fragwürdigen Zeitgenossen bis zum Morgengrauen Schnaps an der Dönerbude und bestellte Gras von der Karte in einem illegalen Coffeeshop.

In einem der Clubs, die ich damals häufiger besuchte – er galt unter Neuberlinern als *chic* und wurde von zahllosen schönen Mädchen frequentiert –, sah ich eines

Abends etwas, das mich beeindruckte. Genauer gesagt, jemanden.

Er war ein kleiner, schnauzbärtiger, apfelwangiger Mann, der parfümiert war wie ein Barbier (jedenfalls stellte ich mir damals vor, dass nur Barbiere so riechen konnten). Er saß an einem Klapptischchen, neben ihm lehnte ein Wischmopp an der Wand. Auf dem Tischchen stand in guter Reichweite ein Keramikteller für das Kleingeld, ferner eine Vase mit Wiesenblumen, daneben hatte er ein paar Waren drapiert: Mentholbonbons, Kaugummis, Kondome, Lippenstifte, Pflaster, Kämme, ein Fingernagelset mit Feile, Clipper und Schere. Der Mann hätte leicht der Vater der anfangzwanzigjährigen Gäste sein können, eine Figur, die die ganze anheimelnde Spießigkeit unserer verlassenen Heimatstädte trug.

Der Unbekannte hat einen festen Platz in meiner Erinnerung, denn er strahlte etwas aus, das mir imponierte. Es war seine Art, wie er dasaß, zufrieden vor sich hinguckte, wie er entspannt seinen Mopp über den Boden führte, sein Trinkgeld einstrich, ein Päckchen Kaugummis verkaufte. In alldem lag so etwas wie eine stille Würde.

Umgeben von jungen Leuten, die studierten, einmal Karriere machen würden und sich jetzt vom Geld der Eltern dem Rausch hingaben, tat er seine Arbeit mit einer bemerkenswerten Zufriedenheit und Gelassenheit. Wogegen wir – die künftigen Journalisten, Designer, Consultants und Anwälte –, angestrengt jene falsche Gelassenheit zur Schau stellten, die man Coolness nennt.

Das Bild des Unbekannten fiel mir wieder zu, als ich an einem sommerheißen Abend mehr als zehn Jahre später an den Türstehern vorbei in eine Berliner Großraumdiskothek trat, um eine Nachtschicht lang selbst als Klomann abzuleisten.

Es hatte mich einige Überwindung gekostet, diese Arbeit aufzunehmen. Zum einen natürlich, weil mich davor grauste, verschmierte Toiletten zu reinigen. Doch nicht minder plagte mich die Sorge, etwaige Herabwürdigungen zu erfahren, verächtlichen Blicken ausgesetzt zu sein und herablassende Worte über mich ergehen lassen zu müssen. Meine größte Angst war, jemandem zu begegnen, den ich – womöglich noch *entfernt* – kannte. Was sagt man in so einer Situation? Wahrscheinlich würde ich – wenn es sein musste auch ungefragt – erklären, dass dies gar nicht mein richtiger Beruf sei. Dass ich für eine Kolumne recherchierte. Es war eine erbärmliche Vorstellung.

Ich betrat also die Diskothek – von der ich annehmen konnte, dass keiner, den ich kannte, je hier aufkreuzen würde – gegen halb zehn. Hildegard, die Hausklofrau, wartete schon, die kurzen, kräftigen Arme in die Hüften gestemmt, energisch Kaugummi kauend. Meine Chefin musterte mich skeptisch aus zusammengekniffenen Augen.

Die Diskothek hatte noch nicht für das Publikum geöffnet, man traf noch emsig Vorbereitungen. Barleute füllten Kühltruhen mit Bierflaschen, am Einlass ging die

Kassendame ihre *VIP*-Liste durch, wobei sie, rauchend, eine Haarsträhne um den Finger wickelte, vor der Tür knackten die Türsteher mit ihren Stiernacken.

Mein Arbeitsplatz wird, wie ich recherchiert hatte, nicht unbedingt nur von erlesenem Publikum besucht. Schlägereien und sexuelle Nötigungen kommen beinah täglich vor, und die Rollenklischees sind vorsintflutlich: Mädchen haben niedlich zu sein, das reicht, Jungs muskulös. Außerdem ist ein unglücklicher Begriff von Ehre *common sense.* Hildegard erzählte, dass einer der Türsteher – der Mann ist ein schwarzer Koloss mit Glatze und breiten aufgeworfenen Lippen – kürzlich erst wieder an seinen Arbeitsplatz zurückgekehrt sei. Der Mann war unter einem Vorwand ein paar Schritte von der Tür weggelockt und dann von mehreren Jugendlichen mit Macheten niedergemacht worden, die Ärzte hatte große Mühe, ihn wieder zusammenzuflicken; ein Jahr hingen seine Arme in Schlingen.

Ich band mir also eine Schürze um die Hüften, Kittel gab es keine mehr; dann begann ich mit dem Auffüllen der Klopapierspender. Acht Klosetts in der Herren- und weitere acht in der Damentoilette, dazu acht Pissoirs, das würde der Radius sein.

Draußen hatte inzwischen die Musik eingesetzt. Ein hämmernder, schneller Rhythmus, der Bass dröhnte einem in der Magengrube. Über der Tanzfläche rasten die Lichtkegel der Scheinwerfer im Kreis. Die ersten Gäste trafen jetzt in einem großen Schwung ein, der Club füllte sich rasch. Und auch in den Toiletten herrschte bald einiger Betrieb.

Als ich die Papierspender aufgefüllt hatte, brachte mich Hildegard in den Vorraum der Damentoilette, wo sie mir den richtigen Umgang mit dem Mopp erklärte. Man führt ihn in Achten über den Boden, sagte meine Chefin, man wischt locker aus dem Handgelenk.

»Nee, locker. Locker! Sonst krisste ne steife Hand. Ja, ja! Jenau. Schön locker!« Hildegard nickte zufrieden. Und noch lächelnd sagte sie: »Jut, denn kannst ja mal loslegen.«

Meine Chefin deutete mit einer Kopfbewegung in Richtung Herrentoilette. Ich stand da, starr vor Ekel.

»Na los.« Hildegard wiederholte ihre Kopfbewegung. Ich schluckte. Meine Chefin sah mich prüfend an. »Was is?« Sie stemmte die Arme in die Hüften, klimperte mit ihren Goldringen. »Willste nich?«

»...«

Hildegard lachte kehlig, heiser und laut wie ein Mann. Sie machte eine wegwerfende Handbewegung und schlurfte zu ihrem Platz, wo sie sich auf dem Rollschemel niederließ und schnaubend die Münzen von ihrem Tellerchen zählte. Und ich stand da, im Vorraum der Damentoilette, eingenebelt von Wolken aus Haarspray, irritiert gemustert von ein paar jungen Dingern, und grauste mich.

Ich bin nicht mäkelig. Ich habe als Kind im Dreck gespielt, und alles in den Mund gesteckt, was irgendwie interessant aussah. Meine Eltern ließen mich gewähren, sie vertraten die Auffassung, dass Schmutz die Abwehrkräfte stärkt und, wie es bei uns hieß, den Magen reinigt. »Die gesündesten Kinder sind die Zigeunerkinder«, pflegte meine Oma zu erklären, es war der erste Glaubenssatz der Hygiene bei uns. Also ließen mich meine Eltern unbekümmert Erdkrümel kauen, ich verschlang Kaugummis, die ich von der Straße kratzte. Und heute bin ich geneigt zu glauben, was meine Eltern glaubten, denn ich bin tatsächlich selten krank. Große Berührungsängste stehe ich indes in Zusammenhang mit Fäkalien aus, ja mein Ekel davor trägt geradezu paranoide Züge. Auf öffentlichen Toiletten fasse ich nach dem Händewaschen nichts mehr an. Ich öffne die Tür mit dem Ellenbogen. Was kompliziert ist, aber führt man sich vor Augen, wie viele Männer sich nach dem Klogang die Hände nicht waschen, ist es, finde ich, eine angeratene Vorgehensweise. Vermutlich rührt mein Ekel von den Erfahrungen aus dem Zivildienst her. Trotz inständiger Aufklärung kommt bei weitem nicht jeder Patient mit einem blütenreinen Darm zur Darmspiegelung. Was danebengeht, aufzuwischen ist Aufgabe der Zivildienstleistenden.

Im Vorraum des Damen-WCs redete ich mir gut zu. Es ist ja nur Urin. Ich straffte mich. Nur Urin. Okay, sagte ich mir, okay, es geht los. Ich strich meine Schürze glatt, langte nach dem Mopp und marschierte ab. Ich eilte aus dem Damen-WC, vorbei an Hildegard, die auf ihrem Schemelchen saß, einen Arm wie ein Pascha aufs Knie gestützt vor dem Regal mit den Ersatzklobrillen, Spezial-Chlorreinigern und Feudeln, und sich beömmelte. Ich betrat das Herren-Klo, wandt mich nach links, wo die Pissoirs waren, zwei besetzt. Unter den Urinalen schimmerten schon kleine Pfützen. Wieder nahm ich mich ins Gebet. Sieh mal, es könnte viel schlimmer sein. Zu fortgeschrittener Stunde, das hat man dir erzählt, steht der Urin hier bisweilen fingertief. Wahrscheinlich stimmt es nicht, aber besser, du gewöhnst dich schon mal dran und fängst klein an. Ich kniff die Augen zusammen, drehte den Kopf zur Seite und setzte den Mopp auf den Fliesenboden. Es machte pflatsch. Immer in Achten!, sagte ich mir. Immer in Achten!

»Und?«

»Wie und?«

»War's schön?«

Hildegard grinste breit. Sie nahm mir den Mopp ab und löste den Wischer heraus. Es schüttelte mich: Sie hielt das feuchte Ding in der blanken Hand. Ob sie keine Handschuhe nehme? Hildegard schüttelte teilnahmslos den Kopf und warf den Wischer in einen Eimer.

»Und was ist mit Desinfektionsmitteln?«

»Och, da krisste nur rissije Hände von.«

Ich konnte jetzt wirklich ein Bier vertragen.

An der Bar drängten sich inzwischen die Gäste wie am SSV-Wühltisch. Junge Männer und Frauen, gestylt, parfümiert und auf Spaß gebürstet; sie orderten Bier, Wodka, Sekt-Aperol. Manche trugen neongelbe Plastikbändchen ums Handgelenk. Wer so ein Bändchen trägt, hat gegen geringe Geldmittel das Recht erworben, so viel zu trinken, wie er will, was vielfach sportiven Ehrgeiz weckt und in entwürdigenden Szenen auf oder vor der Toilette endet.

Wahrscheinlich hat fast jeder so seine Schnapsgeschichten, hat unter der Einwirkung des Alkohols Dinge getan, die er am liebsten ungeschehen machen würde. Freunde von mir beispielsweise sahen sich im Suff bemüßigt, einen Striptease aufzuführen, um auf diese Weise eine streng katholische Mitschülerin von der Schönheit des männlichen Körpers zu überzeugen. Einer meiner Klassenkameraden wollte sich schwerbetrunken vor seinen Freunden in einem nächtlichen Baggersee ertränken, brachte es aber nicht fertig, weil ihm, knietief im See stehend, mit dem Entschluss ringend, das Wasser zu kalt wurde. Ich werde anhänglich. Wenn ich zu viel intus habe, verbrüdere ich mich mit den größten Widerlingen, küsse Fremde auf Stirn und Wangen und verspreche den hoffnungslosesten Fällen die Ehe. Übergeben muss ich mich nicht, und ich danke Gott dafür, denn von Infekten her weiß ich, wenn ich mich über eine Kloschüssel biege, klinge ich wie ein schiitisches Klageweib.

Gegen ein Uhr war der Laden gerammelt voll, und im Vorraum der Toiletten drängten sich die Gäste dicht an dicht. Eine brodelnde, wimmelnde Menge, die Geplärr und schrille Pfiffe ausstieß. Zwei Jungs hoben die Gläser, prosteten sich beim Pinkeln zu, nebenan im Vorraum des Damen-WCs zogen Mädchen Kajal-Linien nach, tupften Puder, zupften Haarsträhnen, sie schrieben Textnachrichten, gackerten, zickten sich an. Vor allem unter den Männern waren schon einige beunruhigend käsig im Gesicht; ein schlaksiger Kerl konnte sich nur noch auf den Beinen halten, weil man von einem derartigen Gedränge vielleicht fortgespült werden, darin aber unmöglich umfallen kann.

Als der Pulk sich etwas gelichtet hatte, machte ich mich mit meinem Mopp wieder auf in die Herrentoilette. Ich stieß eine Kabinentür auf, Feudel voran, und schauderte. Vor der Schüssel hatte sich eine enorme Urinlache gebildet, in der Keramik türmte sich das verschmierte Klopapier bis über den Rand. Es schüttelte mich, als ich es auswischte. Als ich die Spültaste betätigte, lief der Abtritt beinahe über. Dann gluckte der Klotümpel, Blasen stiegen auf und der Inhalt rauschte Gott sei Dank doch noch ins Rohr. Von nebenan tönten Darmgeräusche. Der junge Mann sang dabei.

Gegen zwei Uhr wurde draußen bei den Tanzflächen heftig angebandelt. Die Gäste gaben sich der Musik hin, versanken im Rauschglück. In einer Ecke wurde heftig geschmust, daneben auf Brüderschaft angestoßen.

Bei uns riss der Betrieb nicht ab, wieder herrschte ein absurdes Gedränge. Vorn am Eingang zu den Klosetts stemmte sich ein Mädchen aus der Menge. Ein blondes Ding, tief ausgeschnittenes Dekolleté, über dem ein Kettchen mit zwei verschlungen Silberherzen pendelte. Am Absatz ihres Slingpumps flatterte ein Stück Toilettenpapier.

»Junge Frau! Hallo, Sie!« Hildegard war ihr nachgeeilt und deutete jetzt auf den Absatz ihres Schuhs. Das Mädchen starrte die Klofrau an, senkte den Blick. Als sie das Papierblatt entdeckte, verzog sie das Gesicht, als habe sie in etwas Saures gebissen. Angewidert rieb sie es am Boden ab. Mit gespreizten Fingern tippelte sie weiter.

Hildegard: »He, Sie! Hallo? Werfen Sie dit bitte mal in' Müll?«

Mädchen: »Wie? Ich soll das *anfassen*?«

Sie rollte die Augen zur Decke und klackerte davon.

Es waren meist die jungen Frauen, die Hildegard behandelten wie Personal: Eine erwartete, dass sie ihr Getränk hielt, bis sie ihr Geschäft erledigt hätte, mehrere wurden unangenehm, weil keine Papierhandtücher mehr im Papierhandtuchspender waren. Andere musterten meine Kollegin, als habe sie die Krätze oder als sei – vermutlich noch schlimmer – der Klofraujob ansteckend. Mich behandelten sie mit mehr Respekt, die meisten jedenfalls. Eine blondierte Sonnenstudioschönheit, die ich darauf hinwies, dass sie ihr Cocktailglas vor der Tür abstellen müsse, würdigte mich keines Blickes und marschierte schnurstracks, das Glas in der Hand, hinein. Als ich sie am Ellenbogen griff und meine Aufforderung erneuerte, sah sie mich an, als hätte ich sie unzüchtig berührt. Andere traten uns mit herablassender Freundlichkeit entgegen. Ein junger Mann lächelte huldvoll, als er ein 50-Cent-Stück auf den Teller legte. »Für Sie«, sagte er in einem weihevollen Ton. »Ich würde mich schämen, wenn ich Ihre Arbeit machen müsste«, solche Sätze servierten sie Hildegard oft. Gibt sie nicht acht, stiehlt man ihr das Kleingeld vom Teller. Gepöbelt wird auch. Einmal hat eine Besucherin ihr ins Gesicht gespuckt, weil die sie nicht zu ihrem Freund auf die Herrentoilette ließ. Hildegard hat dem Mädchen den Arm auf den Rücken gedreht und das kreischende Gör zum Ausgang geschleift.

Was meine Chefin aufrecht hält, ist der Zuspruch der Kollegen. Sie sprechen Hildegard zärtlich mit »Mama« an, was lustig war, wenn es die bulligen schwarzen Türsteher taten.

Es gibt ja im Wesentlichen drei Arten von Türstehern: Türsteher, *Doormen* und Rausschmeißer. Und dann gibt es da noch Ferdinand, für den man eine eigene Kategorie erfinden müsste.

Ferdinand, ein Freund aus Schultagen, hat sich nach dem Abitur zwei Jahre in einem Nachtclub an der Tür verdingt. Wir konnten es nicht fassen, denn unser Freund gehört zu den friedfertigsten und zurückhaltendsten Menschen, die man sich nur denken kann. Ferdinands Benimm hat den Schliff eines Zöglings aus besserem Haus, seine Ausdrucksweise zeugt von der Belesenheit seiner Eltern. Ferdinand an der Tür? Das konnte eigentlich nichts werden. Wir hätten Wetten darauf abgeschlossen.

Doch eigenartigerweise erwies sich ausgerechnet Ferdinand als Glücksfall für den besagten Laden. Denn es blieb ausgerechnet dann ruhig, wenn er den Einlass kontrollierte. Hatten dagegen die üblichen finsteren Typen Dienst, gab es wenigstens eine Schlägerei pro Abend. Nur einmal musste mein taktvoller Freund eingreifen. Ein Gast hatte Frauen bedrängt und herumgepöbelt. Die Bardamen riefen den Türsteher zur Hilfe. Mein Freund trat auf den Störenfried zu. Ferdinand entschuldigte sich in der gebotenen Form für die Störung und bat den Mann höflich, den Club zu verlassen. Der ignorierte meinen Freund zunächst völlig. Und als der seine Aufforderung in gleicher Höflichkeit wiederholte, drohte ihm der Gast mit Schlägen. Ferdinand verhöhnend wendete er sich ab. Mein Freund, der weder Handkantenschläge noch schmerzvolle Jiu-Jitsu-Griffe beherrscht, fasste sich ein Herz. Er schlang die Arme um den Störenfried, hob den völlig Verdutzten an, wie man einen Sack vor den Brustkorb hebt (wobei er sich natürlich für die Unannehmlichkeiten entschuldigte). So trug er den Mann Richtung Ausgang. Der echauffierte sich nun fürchterlich, strampelte mit den Beinen wie ein Kind, das man vom Spielplatz trägt, und klammerte sich an einem Türrahmen fest. Als sie auf der Straße waren, setzte Ferdinand der Sanftmütige den Mann ab. Das Gelächter der Umstehenden war gellend. Der Gast tobte und verschwand schließlich unter wilden Flüchen. Noch hundert Meter weiter konnte man ihn gegen eine Mülltonne treten und jemanden angeifern hören. Die Geschichte gehört zu den wenigen *Highlights* des Jobs, versicherte mein Freund. Im Übrigen sei die Arbeit an der Tür eine sterbenslangweilige Materie.

Gegen halb vier Uhr am Morgen, die Besucherzahl hatte sich etwas verringert, übergab sich der Erste. Weil der junge Mann nicht mehr in der Lage war, seine Hinterlassenschaft zu entfernen, fiel mir diese Aufgabe zu. Hildegard schien ausgesprochen dankbar, jemanden zu haben, der die Sache übernehmen konnte. Sie selbst kann, wie sie versicherte, alle Unbilden, die ihre Arbeit mit sich bringt, ertragen, nur Erbrochenes verträgt sie nicht. Es bereitet ihr Würgereiz und sie wischt es blind, indem sie den Kopf wegdreht, sich ein mit Deo besprühtes Klopapierknäuel gegen die Nase drückt. Als ich an den Spülkasten trat, ging es mir kaum besser. Der Kasten, die Toilettenbrille, selbst die Kabinenwände waren besprenkelt, auf den weißen Bodenkacheln zerlief eine aufgeschäumte Brühe. Mein Magen krampfte. Ich hielt die Luft an, während ich die Kabine auswischte, die Klobrille klappte ich mit dem Fuß gegen den Spülkasten und beförderte den Zellstoff in die Schüssel. In der Nebenkabine war das Klosett verstopft. Ich stocherte mit der Bürste herum, um es frei zu bekommen, das Wasser spritzte in Fontänen auf meine Arme, meine Kleider. Es war ein aussichtsloses Unterfangen. Wir verriegelten die Latrine. Dann wusch ich mich.

Eine kurze Zigarettenpause vor der Tür, und Hildegard erzählte, wie sie immer wieder Kiffer und Kokser verjagen müsse. Auch Pärchen trennen gehöre zu ihrem Beruf, sagte sie und blies lange Rauchsäulen aus Mund und Nase. Einmal hat sie ein Mädchen herausgeworfen, das mit zwei Jungs zugange war, natürlich setzte es Proteste.

Normalerweise führt meine Chefin ihre Bedürfnisanstalt alleine. Hildegard hat eine abgeschlossene Ausbildung als Erzieherin und arbeitet Vollzeit in einem Kindergarten. Weil das Geld nicht reicht, schrubbt sie zwei Mal die Woche nachts Diskotoiletten. Acht, neun Stunden dauert die Schicht, meist kommt sie erst im Morgengrauen nach Hause. Dann sitzt sie manchmal noch eine halbe Stunde auf einer Bank, raucht ihre Zigaretten mit den weißen Filtern, beruhigt ihre Nerven. Die Arbeit als Klofrau wirft einen dürftigen Ertrag ab. Fünf Euro Stundenlohn überweist ihr der Chef, dazu kommt Trinkgeld, macht insgesamt sechzig oder siebzig Euro pro Nachtschicht. Immerhin darf Hildegard behalten, was auf den Teller fällt. Viele WC-Damen müssen ihr Trinkgeld bei den Vorgesetzten abliefern.

Um halb sieben endete unsere Schicht. Die verbliebenen Gäste torkelten gen Ausgang, an der Tanzfläche unternahm einer einen letzten, ein wenig drängelnden Anbandelungsversuch. Wenig später würde ein Reinigungsunternehmen mit Spezialgerät anrücken, Dreckschlieren von den Tanzflächen wischen, die Bartresen reinigen,

Toiletten desinfizieren. Ich lief durch die morgendlichen Straßen. Schwarz standen die Gebäude, der Himmel leuchtete tiefblau. Ein satter Sommerregen hatte eingesetzt.

Tellerwäscher

Mein Vater wuchs in Österreich bei seinen Großeltern auf; er schlief auf der Familienritze. Was er dort allabendlich erlebte, hinterließ einen starken Eindruck. Es hat sein Leben geprägt. Und über Umwege auch meines.

Meine Oma hatte Papa in den frühen Morgenstunden des 1. Oktober 1944 im Geburtshaus der steirischen Gemeinde Mauritzen zur Welt gebracht. Ihrem Mann war das Glück, sein Kind nach der Geburt in den Arm zu nehmen, nicht beschieden. Wenige Tage vor Omas Niederkunft war er als Chauffeur eines Bataillonskommandeurs der Wehrmacht an die Front abkommandiert worden. Oma bestaunte das vollständige bisschen Leben in ihren Händen allein. Mein Opa, der die Nazis verabscheute, hatte oft mit dem Gedanken gespielt, sich dem Krieg zu entziehen. Bislang hatte ihm dazu der Mut gefehlt. Nun war alles anders.

Der Gegner war stark, die Schlacht aus Sicht der Deutschen ein einziges Chaos, Opas Vorgesetzte agierten zunehmend kopflos, sie waren unachtsam. Es bot sich eine Gelegenheit. Und mein Opa zögerte nicht. Er stieg in seine Limousine, startete den Motor und machte sich aus dem Staub. Als die Nachricht seiner Flucht meine Oma erreichte, drückte sie ihren Säugling fest an sich. Sie wusste, was auf Fahnenflucht stand. Oma sollte in den kommenden Monaten jeden Morgen mit der Angst vor einer Todesnachricht aufstehen und mit dieser Angst zu Bett gehen.

Der Krieg ging zu Ende, mein Großvater blieb verschollen. Doch obschon um sie herum nun fast täglich Meldungen von Tod und Gefangenschaft eintrudelten, verlor meine Oma ihre Angst. Aus einem unerfindlichen Grund spürte sie, dass ihr Mann am Leben war. So vergingen die Wochen und Monate. Und mit einem Mal kam ihr ein Verdacht.

Das bayerische Trostberg liegt dreihundert Kilometer Luftlinie von Rothleiten, wo Oma im Haus ihrer Eltern ihrem Sohn die Brust gab, entfernt. Dort, im Geburtsort meines Opas, hatte es eine Frau gegeben, der Opa schon zu Kriegsbeginn schöne Augen gemacht hatte. Es fiel Oma wie Schuppen von den Augen. Ihr weiblicher Instinkt sagte ihr, dass ihr Mann die Wirren der Zeit nutzte und sich dort mit der Nebenbuhlerin vergnügte. Kurzentschlossen machte sie sich auf, ihrem Verdacht nachzugehen – denn sie hatte ganz gewiss nicht vor, ihr Kind ohne den Vater großzuziehen. Und so stieg sie an einem kalten Herbstmorgen des Jahres 1945 in einen Zug, der sie über die Sektorengrenze zwischen der britisch besetzten Steiermark und der amerikanischen Zone Oberösterreich brachte. Von dort schlug sie sich zu Fuß bis nach Bayern durch. Ihr Kind ließ sie unterdessen in der Obhut ihrer Eltern. Meine Großmutter sollte ihren Mann in Trostberg finden und zurückgewinnen. Im Rausch der Versöhnung zeugten sie ein zweites Kind. Weil das Geld für die zwei Nachkommen nicht reichte, würde sie ihren Erstgeborenen erst zehn Jahre später wieder zu sich holen.

Papas Kindheit verlief unterdessen glücklich. Die Großeltern umsorgten ihren Ziehsohn liebevoll und erzogen ihn mit der wohlwollenden Gelassenheit, die Großeltern gegenüber ihren Enkeln oft eigen ist. Mein Vater liebte seine Zieheltern innig. Allabendlich kroch er in ihr Bett und machte es sich zwischen den beiden gemütlich. An diesem Ort der allergrößten Nestwärme wurde mein kleiner Papa politisiert.

Papas Ziehvater war seit 1946 Mitglied der neugegründeten Sozialistischen Partei Österreichs, und noch im selben Jahr wählten ihn die Bewohner der Gemeinde Rothleiten zu ihrem Bürgermeister. Vierundzwanzig Jahre sollte er dieses Amt bekleiden. Uropa war ein glühender Sozialist und Antifaschist, der an die Macht der Worte glaubte und sich ihrer mit großem Geschick bediente. Aber vor den Erfolg hat der Herr den Schweiß gesetzt. Und so entwarf Uropa seine politischen Ansprachen auf die Arbeiterschaft und wider den Chauvinismus mit einer unermüdlichen Akribie, bis zuletzt feilte er daran. Oft saß er abends im Ehebett, zwei Kissen im Rücken, zu seiner Linken die Ehefrau und zwischen den beiden mein kleiner Papa. Uropa strich überflüssige Absätze, ersetzte Wörter durch andere, baute Sätze um und probte seinen Vortrag, wobei er regelmäßig in den Sachfragen korrigiert und im Ton gemäßigt wurde von meiner Urgroßmutter, die ihrerseits Mitglied des Sozialdemokratischen Frauenbundes war und als belesener galt. So entstanden über den Kopf meines kleinen Vaters hinweg politische Visionen einer besseren, gerechteren Welt. Sie wurden dem Jungen, der oftmals über den Vorträgen und politischen Diskussionen einschlief, zur zweiten Natur. Und obschon mein Vater sich später als Unternehmer selbständig machte und fast sein ganzes Berufsleben lang Unternehmer blieb (er ist es noch), hat er diese Gesinnung nie abgelegt.

Natürlich war mein Vater darauf bedacht, seine Weltanschauung an seine Nachkommen weiterzugeben. Und er war damit, auch wenn ich nicht zu sagen vermag, wie das im Einzelnen vonstatten ging, ziemlich erfolgreich. Zwar mag es Themen geben, in denen ich mit Verve gegensätzliche Auffassung vertrete, in politischen Fragen aber sind und waren wir uns fast immer einig. *Nicht* (zumindest gemäßigt) links zu denken halten wir beide, ich darf hier bestimmt für ihn sprechen, für kurzsichtig und kaltherzig. Wenngleich wir ziemlich pragmatische Linke sind. Utopien hängen wir nicht an, und gegen linksromantische Schwärmereien sind wir weitgehend immun. Mal abgesehen von gelegentlichen Ausbrüchen der Leidenschaftlichkeit, die uns unter Einfluss größerer Mengen Rotweines ereilen. Erregen können wir uns indes sehr. Ich kann mich an zahllose Telefonate erinnern, die wir meist an Sonntagnachmittagen führten, bevor die Mühsal des Tagwerks wieder über uns kam und alles politische Denken verdrängte, bei denen Papa und ich uns in Rage redeten, weil ein wirtschaftsliberaler Politiker »weniger Staat« gefordert hatte oder Vorstandsvorsitzende großer Konzerne empörend hohe Abfindungen kassiert und sie als Kleinigkeiten abgetan hatten. (Was verhältnismäßig oft dann geschah, wenn sie zuvor die Löhne ihrer Angestellten gedrückt oder Entlassungen angeordnet hatten.)

Natürlich haben wir oft über meine Arbeit an diesem Buch gesprochen und nicht selten haben wir uns über die Bedingungen, die ich vorfand, echauffiert. Als ich nun meine neue Stelle in der Spülküche eines Berliner Restaurants antreten sollte, sprachen wir wieder einmal miteinander.

»Servus, Voda.« (Ach so, wir sprechen Bayerisch. Das heißt, er tut das. Ich gebe mein Bestes.)

»Grias Di, Bua. Was mochst'n?«

»Recherche. I hob grod glesen, wos a Tellawäschä vadient.«

»Aha. Und wia fui vadienta?«

»Was moanst'n?«

»Mai, acht Euro.«

»Fünf.«

»Ah, her auf!«

»Wann i's dia sog.«

»Wahnsinn!« (In der Stimme meines Vaters lag jetzt dieser schnarrende Ton, den er immer bekommt, bevor sein Kopf rot wird, der immer rot wird, bevor Papa richtig laut wird.)

Natürlich kamen wir irgendwann auf die Geschichte vom Tellerwäscher, der es zum Millionär bringt. Und selbstverständlich waren wir uns einig, dass diese Geschichte ein Mythos ist. Eine Lieblingsmär der Marktradikalen nannten wir sie, die, indem sie suggeriert, jeder könne es zu etwas bringen, dreist unterstellt: Wer arm ist, ist an seiner Lage selbst schuld. Was haben wir uns aufgeregt!

»Propaganda, perfide«, rief ich aus.

»Sauerei!«, schimpfte mein Vater.

Immer weiter peitschten wir uns gegenseitig hoch in unserem Zorn. Unsere Wut erklomm ungekannte Höhen. Dabei hatten wir noch nicht mal was getrunken.

Als ich zwei Tage später meine neue Arbeitsstelle betrat, hatte ich mich halbwegs beruhigt. Ich versuchte, unvoreingenommen an meine Arbeit zu gehen. Natürlich ging das nach hinten los.

Ato, mein Kollege, wirbelte schon am Spülbecken, als ich eintrat. Wir gaben uns kurz die Hand, für mehr war keine Zeit, die Arbeit war bereits in vollem Gange. Und so nahm ich mir einen Spüllappen und packte mit an. Acht Stunden lang sollte ich ein schwitzendes Zahnrädchen sein, in einem unermüdlich sich drehenden, dampfenden, rückenverschleißenden Geschirrspülapparat.

Das Geschirr, unser Arbeitsmaterial und Schicksal, beschreibt einen kreisförmigen Weg. In der Gaststube, wo die Luft vom Tosen und Tönen der Gäste bebt, wo alles nach Bier und dunkler Bratensoße riecht, ziehen es Kellnerinnen in Faltenröcken zwischen aufgesetzten Ellenbogen und gestikulierenden Händen von den Holztischen, sie türmen die Teller und Schüsseln auf ihren Unterarmen zu waghalsigen Stapeln von bis zu sechs, sieben Stück je Arm, dazu greifen sie je einen Teller zwischen die Daumen und Zeigefinger jeder Hand. So beladen eilen sie vornübergebeugt durch die Stuhlreihen. Sie nicken ihren Gästen, die sie rufen, winken, dabei lächelnd mit geschlossenen Augen zu, sie ziehen vorbei am Tresen, wo Barmänner unermüdlich Bier zapfen, Bierschaum mit dem Löffel aus Pilstulpen abschöpfen und auf andere Biere drapieren, sie steigen vier schmale Steinstufen hinauf und brausen mit ihrer scheppernden Fracht durch einen schmalen Flur, an dessen Ende eine automatische Tür aufspringt, begleitet von einem hoch singenden Motorengeräusch. Von links dröhnt das Stimmengewirr der Küche, das Zischen der Steaks in Bratfett. Das Geschirr klappert in den Fingern der Kellnerinnen, wenn sie sich in die Kurve neigen. Einen Augenblick später biegen sie – das Lächeln ist zerfallen und Stressfalten zeichnen sich zwischen den Augen ab – nach rechts, treten über eine Türschwelle in die Spülküche.

Der Raum, eine kleine gekachelte Kammer, strahlt in Neonlicht und Dampf wie ein weißer Bildschirm, an den gefliesten Wänden rinnt das Kondenswasser hinab, aus einem Gully steigt der aasige Gestank verdorbener Speisereste. Die Kellnerinnen knallen ihre Fuhren neben den Eingang auf eine Anrichte aus Edelstahl, packen das Besteck mit der Hand und schleudern es in einen wassergefüllten Mayonnaise-Eimer. Die trübe Brühe schlägt über dem Besteck zusammen, Fettaugen zerplatzen in winzige Tröpfchen, dumpf klappern Löffel, Messer und Gabeln. Mit raschen Bewegungen kratzen die Frauen Speisereste an einem Gummischaber ab, der auf der Unterseite der Anrichte befestigt ist. Im Mülleimer darunter poltern Rosenkohl, halbe Kartoffeln und Kloßreste, pflatscht das Sauerkraut. Dann donnern sie die Teller auf die Anrichte und eilen aus dem Raum. Ato und ich übernehmen.

Wir greifen hastig jeder mit beiden Händen je einen Teller und lassen ihn in einen Geschirrkasten gleiten. Der quadratische Behälter sitzt in zwei bleistiftdicken Mulden, es sind Führungsschienen, die an den Rändern der beiden Edelstahlspülbecken entlang bis zum Spülautomaten laufen. Ist ein Geschirrkasten gefüllt, greift einer von uns nach der Spülbrause, die von ihrem eigenen Gewicht gebogen kopfüber nach unten hängt wie eine Weizenähre mit reifer Frucht. Wir ziehen den in Stahlmanschetten fest eingefassten Spülschlauch aus seinem verborgenen Lager, der Schlauch rattert unter der Bewegung. Dann drücken wir den Auslöser für die Düse. Dampfend heißes Wasser schießt in satten Brausestrahlen auf das Porzellan, drückt Speisereste weg, löst Soßenränder. Die vorgespülte Geschirrladung wird eilig weitergerückt. Wir schieben sie vor einen Automaten, einen Metallkasten von der Größe eines Kühlschranks, rücken die Ladung hinein und senken die Haube über das Geschirr. Automatisch springt die Maschine an, man hört Wasserdüsen zischen, scharf und hell, der Apparat beginnt zu rumpeln. Keine vierzig Sekunden dauert ein Waschgang bei neunzig Grad, danach blinkt ein grünes Lämpchen an der Außenwand, wir öffnen, die Maschine schickt Dampf aus ihrem Schlund, der in Spiralen herausquillt, aufwirbelt, aufsteigt, um später als feuchter Film an den Wandkacheln zu kondensieren. Wir ziehen die Teller und Schüsseln auf eine Edelstahlarbeitsfläche, ein rascher Kontrollblick, wobei wir das heiße Geschirr in den Fingern von der Ober- auf die Unterseite wenden. Das saubere Geschirr türmen wir in ein Regal, wo dutzende Stapel stehen, manche sind 1,20 Meter hoch; was wir für nicht sauber genug befinden, tauchen wir ins zweite Spülbecken zur Nachbehandlung mit dem Topfschwamm.

Nach Aufruf bringen wir das Geschirr aus den Regalen in die Küche. Dort werden Schnitzel und Steaks, Kartoffelsalat, Kraut und Petersilienröschen auf den Teller drapiert, die Köche wischen Soßenspritzer von den Rändern und stellen die Gerichte in eine Durchreiche. Sie betätigen die Tischklingel, und die Kellnerinnen tragen sie hinaus zu den Gästen. Zwanzig, dreißig Minuten später ziehen sie das Geschirr wieder von den Tischen und eilen in die Spülküche. So geht es rund, wie im Räderwerk.

Bis zu 1000 Teller und Schüsseln gehen so jeden Abend durch Atos Hände, hinzu kommen unzählige Gabeln, Messer und Löffel, Töpfe, Bräter, Pfannen, Pfannenheber, Schöpfkellen, Teigschaber, Schneebesen, Gemüsehobel, Reiben, Siebe, Förmchen, Tiegel und Schalen. »I always run«, sagte Ato, indem er sich den Schweiß von der Stirn in sein T-Shirt wischte. Oft fehle die Zeit für eine richtige Pause.

Ato stammt wie die meisten Spüler des Restaurants, und wie fast alle Spüler in Berlin, aus Ghana. In Accra, der Hauptstadt des westafrikanischen Landes, hat er *Computer Engineering* studiert. Eines Tages, sagt er, möchte er in Deutschland Hardware programmieren. Ato lächelt, aber er schlägt die Augen nieder, wenn er davon erzählt.

Glaubt man der Gewerkschaft, dann sind seine Chancen auf gesellschaftlichen Aufstieg tatsächlich ziemlich gering. Wer Glück hat, kann es in einigen Restaurants und Hotels vom Tellerwäscher zum Hilfskoch bringen. Hilfsköche schnippeln Gemüse, hacken Kräuter, rollen Klöße. Atos Vater hat so begonnen, inzwischen ist er »Vollkoch«. Einer von vielen Tausend legt eine solche Karriere hin.

Die Zahl derer, die weiter aufsteigen, geht – statistisch ausgedrückt – gegen null.

Die elektrische Tür flog auf, ein Mann in Kochschürze brauste herein, er blickte aus wilden Augen.

»Ato!«, rief er. Mein Kollege fuhr herum. »100 Teller, jetzt!«

Ato nickte, und der Mann verschwand so unvermittelt, wie er gekommen war. Mein Arbeitskollege griff sich einen Stapel von etwa zwanzig Stück, drückte sie an die Brust, ein knirschender, klappernder Keramikturm, der ihm fast bis zum Schlüsselbein reichte, und eilte dem Koch nach über den Fliesenboden in Richtung Küche. Ich holte derweil wieder brühend heiße Suppentassen aus dem Spülautomaten. Zeit, sie abkühlen zu lassen, hatten wir nicht, draußen in der Wirtshalle warteten die Gäste auf ihre Rinderbouillon. Ich hörte durch die halb offene Tür, wie herzhaft angestoßen wurde, dazu schallendes Gelächter, das hochgestimmte Lärmen einer sorglosen Samstagabendgesellschaft.

Als Ato seine Teller abgeliefert hatte, wuchtete er mir einen grauen Besteckkasten hin, einige Hundert Messer, Gabeln und Löffel. Ich sollte das Besteck polieren, eben hatte eine hundertköpfige Reisegruppe aus Schweden Bestellungen aufgegeben, die Bedienungen drängten auf Nachschub. Während ich eilig Wasserflecken verrieb, reinigte Ato die Abflusssiebe der Spülbecken. Vorsichtig fischte er mit den Fingern Speisereste heraus. Splitter von

Glas und Keramik sind in dem gelblichen Brei kaum zu erkennen. Gefährlich ist auch der Fußboden: Ein glitschiger Film aus Wasser und Speiseresten breitete sich darauf aus. Wir schlitterten unentwegt.

Das Besteck war poliert, ich stemmte den Besteckkasten vor die Brust und trug ihn durch den Verbindungsflur an der Küche vorbei an den Tresen zu den Bedienungen.

In der Wirtshalle war das Klappern der Teller ohrenbetäubend, Prost-Rufe dröhnten, jemand gab eine schlüpfrige Anekdote zum Besten, der Mann schrie sie fast aus dem breiten Brustkorb heraus. Die Schweden hatten inzwischen die Vorspeise verdrückt, nun gierten ihre angeregten Mägen nach dem Hauptgang. Vor mir eilten neuerdings zwei Kellnerinnen mit Suppentellern in Richtung Spülküche. So ging es fort.

Urgroßvater kam mir in den Sinn, als ich zurück an meinem Platz Geschirr stapelte. Vermutlich hätte er in meiner Situation einen Tellerwäscherstreik organisiert. Der Gedanke beschämte mich.

Dass mein Urgroßvater die Sache der Arbeiter zu seiner Sache machte und uns so das linke Denken ins Stammbuch schrieb, hat mit seinen Erfahrungen bei der Arbeit zu tun, aber vermutlich mehr noch mit den Einwirkungen meiner Urgroßmutter. Die hatte schon als junges Mädchen sozialistische Schriften gelesen und soll, wie mein Vater berichtet, einen nicht unwesentlichen Einfluss auf ihren Mann gehabt haben.

Es gibt eine Aufnahme, vermutlich um das Jahr 1918 entstanden, die das Paar zeigt. Links ist eine stolze Frau zu sehen, wenn meine Datierung stimmt, ist sie damals achtundzwanzig Jahre alt. Sie trägt die lokale Tracht, und um die Stirn hat sie einen geflochtenen Zopf geschlungen, wie es damals Sitte war in der bäuerlich geprägten Steiermark. Urgroßmutters Blick ist fest, klar, herausfordernd. Ein Matriarchenblick. Neben ihr, auf der rechten Bildseite, steht ein etwas pausbäckiger junger Mann. Auch er trägt Tracht, einen Janker, der etwas lasch an ihm herunterhängt, sein Schnurrbart ist noch ein Flaum. Mein Urgroßvater war zehn Jahre jünger als seine Frau, gerade achtzehn damals. Er muss eben seine Lehre in einer Papierfabrik begonnen haben. Kurz zuvor hatte er eine Ausbildung zum Diener abgebrochen, Smoking, Cut und weiße Stoffhandschuhe an den Nagel gehängt. Sich zu unterwerfen hatte ihm nicht behagt. Und so fiel Uromas Wirken auf bereiteten Boden.

Uropa machte stattdessen in der Fabrik eine kleine Karriere, wurde Schichtführer und vertrat schließlich als Werksmeister die Interessen der Kollegen. In den Lohnverhandlungen mit seinem Chef festigte sich seine politische Gesinnung. Die Arbeit im Holzlager, an den Walzen und Maischebottichen war hart, monoton; aber Urgroßvater trug so gut es ging dafür Sorge, dass sich die Bedingungen für die Arbeiter besserten. Später nutzte er das Amt des Bürgermeisters für die Verwirklichung der gleichen Ziele.

Nach vier Stunden hielten wir Pause im Stehen. Wir kauten Schnitzel und Pommes Frites, das Räderwerk drehte sich vorläufig etwas langsamer.

Auf dem Weg zur Toilette traf ich den Leiter des Restaurants. Wir kamen ins Gespräch. Mein Chef ist ein Mann im besten Alter, jovial, er war braungebrannt, trug das dunkle Haar zurückgegeelt, an seinem Handgelenk hing eine schwere Uhr, fingerdick, mit metallenem Gliederarmband. Als ich ihn auf die Bedingungen in der Spülküche ansprach, fiel er mir ins Wort.

»Sind hart«, sagte er ohne Umschweife.

Auch wenn er mir nicht unsympathisch war, muss ich leider sagen, dass er in diesem Moment nicht unbedingt den Eindruck machte, dass ihn dieser Zustand etwas anginge. Mein Gesprächspartner blickte mich im Gegenteil mit einer Miene an, als ob er gerade ein Naturgesetz verkündet hätte, und wechselte dann ansatzlos das Thema. Jedenfalls fast. Er sei, sagte mein Gesprächspartner, sehr froh, die ghanaischen Mitarbeiter zu haben. Denn die seien meist fleißiger und belastbarer als die deutschen Kollegen. Anspruchsloser seien sie auch.

»Mal ehrlich, für 960 Euro im Monat (macht bei Vollzeitbeschäftigung knapp fünf Euro die Stunde, brutto) reißt sich von denen doch keiner ein Bein aus.«

Ich war sprachlos. Natürlich wusste ich, dass das Gros der Spüler in Deutschland unter ähnlichen Bedingungen arbeitet, wenn die Bedingungen nicht sogar noch schlechter sind. Bei der Gewerkschaft hatte ich erfahren, dass

Lohnfortzahlung im Krankheitsfall für Tellerwäscher eine Seltenheit ist, Urlaub wird ebenfalls so gut wie nirgends bezahlt. Und die Arbeitsschutzvorschriften vielfach komplett ignoriert. Ein Gewerkschafter erklärte, die Lage der oft ausländischen Spüler, viele seien Asylbewerber und Menschen mit Aufenthaltsstatus, werde von Gastronomen systematisch ausgenutzt: Sie seien dankbar für jede Arbeit und würden ihre Rechte nicht kennen. (In den Küchen stünden sie außerdem häufig am unteren Ende der Hierarchie.) »Sklavenarbeit« nannte das der Mann. Und die bittere Ironie ist, dass diese »Sklavenarbeit« in Deutschland vielfach von Schwarzafrikanern besorgt wird.

Um drei Uhr nachts, meine Daumen glühten, mein T-Shirt klebte am Körper, kam der Apparat zufrieden zur Ruhe. Ato baute den Spülautomaten auseinander, säuberte und desinfizierte ihn mit einer Chlorlösung. Dann ging er die Toiletten reinigen, wischte schließlich den Umkleideraum aus. Gegen vier Uhr morgens ist er nach so einer Doppelschicht in der Regel zu Hause. Er sieht dann noch ein wenig fern und legt sich schlafen. Oft betritt er die Spülküche wieder um zehn Uhr am Morgen, wenn die Spülmaschine erneut anspringt.

Ich schlief wie ein Stein und verließ mein Bett erst am frühen Nachmittag. Nach einem ausführlichen Frühstück telefonierte ich lange mit meinem Vater. Ich erzählte ihm, was ich erlebt hatte. Was haben wir uns aufgeregt!

Dann ging jeder seinen Dingen nach.

Nachtrag:
Zwei Tage vor meinem Einsatz als Spüler war ich nach Charlottenburg gefahren, um mich beim Gesundheitsamt über meine Pflichten als Werktätiger in der Gastronomie aufklären zu lassen. Um als Spüler arbeiten zu dürfen, braucht man einen sogenannten Gesundheitspass, und den bekommt nur, wer sich einen Lehrfilm ansieht.

Der Streifen beginnt, wenn ich mich recht erinnere, mit ineinander geblendeten Aufnahmen von Zeitungsmeldungen. Die Filmemacher haben höchst missvergnügliche Schlagzeilen zur Einstimmung auf das Thema ausgewählt: »WURSTSEUCHE« zum Beispiel. Untermalt wird das Schauerintro von einer schwermütigen Klaviermusik. Es erscheint ein bärtiger Mann im Arztkittel, der an drei Fingern abzählt, was das Infektionsschutzgesetz verlangt, wobei er auf eine rhetorisch verfeinerte Art die Hände ins Bild hebt und mit dem fleischigen Zeigefinger der rechten Hand den kleinen Finger der Linken aus der Faust hebelt, um sodann in gleicher Weise den Ringfinger aus der nämlichen Faust zu holen und so fort; und auch mit dem Kopf wackelt der Mann bemerkenswert schrullig. Schließlich wird noch ein Koch vorgestellt, der zwar keine Schnute zieht, aber irgendwie trotzdem so aussieht, und mit anrührender Unbedarftheit berichtet, wie ihm einmal bei der Ausübung seiner Pflicht ganz schummerig wurde, dann übel, und mit einem Mal habe er, sagt der Mann, plötzlich brechen müssen. Ach ja, und ein Durchfall kam auch noch dazu. Der Mann ist ein

Vorbild, weil er, wie es der Gesetzgeber wünscht, nach Hause ging, anstatt sich auf die Speisen zu übergeben, das ist im Wesentlichen die Botschaft des Lehrfilms.

Ich verließ das Gesundheitsamt erschüttert, aber zugegeben auch recht viel schlauer, denn ich wusste jetzt, dass man weder Quarkspeisen noch Fleisch, auch Mayonnaisen nicht zubereiten soll, wenn man an der Cholera leidet.

Dogwalker

Unser Hund hieß mit Stammbaumnamen Xeto von der Bärensau, aber wir riefen ihn Sparky (Englisch für lebhafter, etwas unberechenbarer Kerl). Manchmal jedenfalls. Meist riefen wir ihn »PFUI!« oder »DUMMER BEAGLE!« Letzteren Beinamen verdankt unser Hund der Zeichentrickserie *Peanuts*. Deren Held, der glücklose Charlie Brown, rief seinen exaltierten Hund Snoopy ebenso (obwohl das Tier über sagenhafte Talente verfügte, beispielsweise steppen konnte, Rollschuh fuhr und *Krieg und Frieden* las). Wie die Comicfigur verspürte auch Sparky selten Lust, sich in die Niederungen eines gewöhnlichen Hundedaseins zu begeben. Beharrlich weigerte er sich zu apportieren, Sitz zu machen, an Toter Mann war gar nicht zu denken, nicht einmal zum Pfötchengeben ließ er sich herab. Kein Schimpfen half, selbst Betteln blieb wirkungslos. Sparky gähnte und tapste davon. Hatte er dagegen etwas zu fressen gewittert, wuchs er über sich hinaus. Sparky öffnete Türen, indem er sich auf die Hinterläufe stellte und die Klinke betätigte, zerrte mit dem Maul Schubladen auf und den Verschlag, in dem unser Mülleimer stand. Wann immer seine Nase den Geruch von irgendetwas Verdaubarem aufgenommen hatte, kam er irgendwie heran: Keine Verpackung hielt ihm stand, gleich wie widerspenstig sie war, sogar ein paar Büchsen hat er geknackt. (Sparky verschlang Zwiebeln, Zitronen, Käserinde, Erdnussschalen, Kaffeepulver und Knoblauch, Mentholbonbons, Wolle und Trockenblumen.) Obschon mir sein Geschick durchaus einen gewissen Respekt abnötigte, soll hier nicht unterschlagen sein, dass unserem Hund die Verfressenheit gleich zweimal beinahe zum Verhängnis geworden wäre. Einmal, als er vom Oleander fraß, woran schon Krümeline, unser Meerschweinchen, jämmerlich und elend eingegangen war, und ein andermal, als er einen halben Eimer Glycerin-Wasser soff. Wir hatten unseren Weihnachtsbaum mit dem Gemisch getränkt, da meine Mutter aus ihrer Frauenzeitschrift wusste, dass Tannen ihre Nadeln länger an den Zweigen halten, wenn man sie mit der Chemikalie wässert. Dass das süßliche Zeug auf einen wie Sparky die Anziehungskraft von Hackfleisch (oder Trockenblumen) haben kann, wurde vom Verfasser des Artikels fahrlässigerweise ausgespart. Wir haben den dummen Hund also notgedrungen zweimal in großer Hast in die nahe gelegene Tierklinik gefahren, wo er ein Brechmittel bekam und in dem eigens für solche Zwecke angelegten Kotzgarten das Gift aus dem Körper würgte, links eine reihernde Katze, rechts eine kotzende Käfigratte. Als Sparky starb, litt er an Krebs und war halb blind. Es war, wie man so sagt, eine Erlösung, und es traf uns trotzdem hart. Er war ein toller Hund.

Dass Sparky unser einziger Hund blieb, ist die Schuld meines verkommenen Bruders – und okay, ein bisschen ist es auch meine. Unsere Eltern hatten zur Bedingung für die Anschaffung gemacht, dass wir das Tier erzogen und Gassi führten. Das mit der Erziehung ging, wie angedeutet, gehörig schief, und unsere anfängliche Begeisterung am Ausführen erlahmte rasch. Von Woche zu Woche wurden unsere Spaziergänge kürzer, bald drückten wir uns ganz davor. (Meistens erbarmte sich schließlich meine Mutter, die immer irgendwas von Tierheim und Internat schimpfte, bevor sie die Tür hinter sich ins Schloss warf.)

Bei allem Bedauern über unsere damalige Faulheit will ich doch entschuldigend anführen, dass wir gebrannte Kinder waren. Unzählige Stunden waren mein Bruder und ich zum Wandern genötigt worden, was eine gewisse Unlust am Spazierengehen zur Folge gehabt hatte. Mama und ihr neuer Mann trieben uns am Wochenende frühmorgens aus dem Bett und wenig später durch das Anhauser Tal, das Schmuttertal oder das Altmühltal, wobei sie unablässig die Bewegung an der frischen Luft priesen, und am Ende mussten wir auch noch eine blöde Kirche ansehen. Ich hatte als Fünfzehnjähriger wahrscheinlich bereits mehr Renaissancealtäre gesehen als sämtliche Mitglieder der katholischen Pilgergruppe unserer Gemeinde zusammen, von den romanischen Kapellen und den seltenen Jugendstilkirchen ganz zu schweigen. Alles in allem: Wandern, so wie ich es kennengelernt hatte, war gar nichts Gutes und es führte auch zu nichts Gutem.

Nun sollte ich also mit Susi Wolf, einer professionellen *Dogwalkerin*, elf Hunde ohne Leine *zehn* (!) Kilometer durch einen Stadtwald führen. Große Lust verspürte ich, wie man sich denken kann, nicht, aber sich drücken war diesmal nicht drin.

Unser Arbeitstag begann am frühen Vormittag mit dem Einsammeln der Tiere. Wir fuhren mit Frau Wolfs VW-Bus, den sie im *Fond* für die Hunde mit Schaumstoffkissen und Gittern ausgestattet hat, durch die wohlhabenderen Westbezirke der Stadt, hielten mal vor Villen, mal vor schlichten Mietskasernen. Susi Wolfs Kunden sind Singles, Familien, Studenten und Senioren. Sie nutzen den Ausführservice zur Entlastung ihrer Beine oder weil sie ihren Tieren etwas gönnen wollen. Das Rudeldasein tut dem Hund gut, heißt es, außerdem macht es ihn angeblich sozialverträglich. Hunde, die toben, beißen nicht. Auf der Fahrt schwor mich Frau Wolf auf meine Verantwortung ein: »Wir führen die Familienschätze aus«, sagte sie. In zahlreichen Haushalten rangiere der Hund weit vor der Blutsverwandtschaft.

Um die Sicherheit ihrer Schützlinge gewährleisten zu können, hat sich Frau Wolf viel Wissen über die Eigenarten und Charakterzüge der Hunderassen angeeignet und eine Erste-Hilfe-Ausbildung absolviert; sie kann eine aufgerissene Arterie mit der Hand abklemmen und beherrscht die Mund-zu-Schnauze-Beatmung. Der Wald, selbst der Erholungswald, so gab sie mir zu verstehen, ist kein Gefilde der Seligen und Friedfertigen. Wildschweine lauern, außerdem liegen giftige Köder aus, die von Hundefeinden verstreut werden. (Besonders sadistische Zeitgenossen sollen zu Hause Leberwurstbrötchen mit Rasierklingen spicken und nächtens im Forst verstreuen.) Frau Wolfs Vortrag war eindringlich gewesen. Ich war auf das Schlimmste gefasst.

Wir rollten also gegen halb zehn am Morgen mit Susi Wolfs VW-Bus auf den Parkplatz am Waldrand. Unter den Reifen knackte der Boden, knirschte der Kies.

Es war ein herrlicher Tag. Der Himmel spannte sich weit über die Stadt, ein paar dicke Wolken standen in dramatischen Formationen am Firmament; ab und an gingen knappe kühle Schauer nieder. Regen, der im Licht der Sonne wie Silbertropfen vom Himmel fiel.

Im *Fond* des Wagens, wo die Hunde bisher still gesessen hatten, wurde es jetzt unruhig, und ein regelrechter Tumult erhob sich, als Frau Wolf in die Bremsen stieg. Die Tiere sprangen von ihren Plätzen, warfen den Kopf in den Nacken und jaulten, dass das Dachblech vibrierte und mir die Ohren klingelten. Durch die Ritzen drang der Geruch des Waldes mit seinen würzigen Fährten.

Schon der Ausstieg ist eine heikle Angelegenheit, denn eine kräftige Witterung kann dazu führen, dass der Hund sich trotz guter Erziehung völlig vergisst; wer seine Tiere nicht fest im Griff hat, dem gehen sie in solchen Momenten flöten. Ich hielt einen Boxer, dem bereits der Schaum am Mund stand, so gut es ging am Halsband (das Tier stand beinahe senkrecht röchelnd auf den Hinterbeinen), während Frau Wolf, ihrerseits erstaunlich entspannt, die übrigen Tiere eines nach dem anderen aus einem Spalt im hinteren Wagenschlag entließ. Jedem gab sie ein paar ermahnende Worte mit, was bemerkenswerte Wirkung zeitigte. Die Hunde sprangen in den Wald, doch sie verlangsamten schon nach einigen Metern. Alle blieben in Sichtweite, wie angeleint durch den Befehl.

Als der letzte Hund aus dem Bus entlassen war, rief Frau Wolf ein paar Namen ins Unterholz. Die Tiere reagierten aufs Wort. Gut, einige trotteten etwas unwillig, doch keiner widersetzte sich der Anordnung. Die Jagdhunde ließen ihre Schnauze schnaubend über den Boden gleiten, zwei andere hopsten schwanzwedelnd mit schräggelegtem Kopf, das waren die Familienhunde.

Susi Wolf hieß die Meute Sitz machen. Das Manöver soll ihre Autorität festigen, ist eine Art Leine der Moral. Eine Weile ließ Frau Wolf die Tiere in der Position verharren – sie wartete, bis die Hunde ruhig geworden waren –, dann rief sie »Und Hepp!«, und die Hunde stürzten sich in einen morastigen Waldweg. Frau Wolf folgte dem Rudel mit einem Tempo, das gar nichts Gutes verhieß. (Mein Fitnesslevel war damals … nun ja, von einem *Fitness*-Level im engeren Sinn kann man eigentlich nicht sprechen.)

Ein märchenhafter Glanz lag auf dem Wald an diesem kaltklaren Vormittag. Noch standen die Bäume schwarz und kahl, skelettiert vom Winter, doch hier und da brachen schon erste Knospen hervor. Sonnenbalken stießen steil durch die Wipfel, Lichtflecken tanzten auf der Erde. Die Natur seufzte wohlig unter der Sonne – und die Hunde waren randvoll mit Energie. Wir eilten über holprige Trampelpfade und hasteten über schlammige Waldwege, Susi Wolf, die Arme zackig vor- und zurückschwingend voran, ich, schon etwas rotfleckig im Gesicht, hinterher. Der Schweiß kam mir schubweise, meine Atemfrequenz stieg in besorgniserregende Höhen. Andauernd war ich mit den Augen bei den Tieren, hielt nach Fallen Ausschau, nach Hundefeinden und sonstigen Gefahrenquellen. Es war der totale Stress.

Wir waren nicht weit gegangen, als mich die *Dogwalkerin* bat, ihr beim Abzählen zu helfen. Ich erschrak: Fehlte womöglich ein Tier? Hatte ich nicht genug achtgegeben? Umgehend machte ich mich an die Arbeit. Meine Aufgabe bereitete mir große Mühe. Die Tiere wuselten umher, dass mir der Kopf schwirrte. Also versuchte ich sie zum Stillhalten zu bewegen. Ich pfiff, wurde laut, machte auf böse und so weiter. Es waren fruchtlose Bemühungen. Die Tiere stellten die Ohren auf. Mehr verlangte mein Rufen ihnen nicht ab. Und so nahm Frau Wolf die Sache an sich. Die Tiere waren vollzählig. Mit unveränderter Hast ging es weiter.

Wer sich als *Dogwalker* verdingen will, sollte (neben einer gewissen körperlichen Belastbarkeit) zumindest drei einfache Grundfertigkeiten besitzen: Pfeifen, Schimpfen und Magie. Susi Wolf beherrscht diese Fertigkeiten meisterhaft: Als sich ein Tier offenbar zu weit von der Gruppe entfernte pfiff sie, dass ich zusammenfuhr wie ein Schuljunge. Sie maßregelte das Tier mit einem Tonfall, dass ich mich auf einen Kasernenhof versetzt wähnte. Außerdem hat Frau Wolf, wie ich mehrfach mit meinen eigenen Augen gesehen habe, ganz unheimliche Vorahnungen: Sie schien das Fehlverhalten ihrer Schutzbefohlenen zu wittern, noch bevor es sich entfaltete. Und sie war stets schon zur Stelle, wenn sich ein Unheil zusammenbraute.

Als unsere Eltern uns einen zweiten Hund versagten, war ich enttäuscht, ja, sogar ein wenig wütend. Nach einer Weile erkannte ich allerdings, dass es wohl wirklich besser so war. Der Tod zweier Haustiere hatte mir zu schaffen gemacht, und ich konnte gut darauf verzichten, noch mal einen Gefährten zu verlieren, den ich ins Herz geschlossen hatte. Nein, es war wirklich besser so. Ich entschied, nie wieder Haustiere zu haben. Dann lernte ich meine spätere Freundin Anna kennen. Und alles kam anders.

Anna hatte sich von einer an der Universität Augsburg umtriebigen Tierschützerin Ratten aufschwatzen lassen. Angeblich könnte man die Nager vor dem qualvollen Dasein als Labortier oder Lebendfutter für Zooschlangen bewahren, wenn man welche aus einem bestimmten Wurf abnahm. Die triefige Geschichte hatte Annas Herz erweicht, und sie hatte sich in die Idee verliebt, ein Männchen und ein Weibchen aufzunehmen. Die Tiere wollte sie Paul und Paula taufen. Paul, das war ihr Plan, sollte bei mir leben, Anna würde Paula ein Heim geben.

Ich war dagegen. Ratten? Paul und Paula? Ich war *ganz entschieden* dagegen. Doch Anna wusste, dass ich ihren Reizen verfallen war. Sie klimperte mit den Augen, und ich ließ mich breitschlagen. Dunkel ahnte ich, dass es nicht gutgehen würde.

Nach einer Woche eröffnete mir meine Freundin, es gehe ihr schlecht. Sie leide unter Atemnot, tränenden, juckenden Augen und Schlaflosigkeit, seit Paula bei ihr lebe, sie habe, so schloss sie, ganz zweifelsfrei eine Rattenhaarallergie. Gut, sagte ich ungerührt, dann geben wir die Tiere eben wieder zurück. Anna klimperte. Am selben Nachmittag zog Paula bei mir ein.

Ratten sind, wie man weiß, fruchtbare Tiere. Mit sechs Wochen erreichen sie die Geschlechtsreife, ein einzelner Wurf kann leicht ein Dutzend nackte, blinde Nachkommen umfassen. Um mir wenigstens das zu ersparen, hielt ich Paul und Paula in getrennten Käfigen, die ich unter meinen Schreibtisch stellte und aneinander rückte; sie konnten ihre Nasen durch die Gitterstäbe stecken und sich beschnuppern, mehr ließ ich nicht zu. Wenn Anna mich besuchte, saß sie oft traurig vor den Käfigen. Sie meinte, die Tiere müssten doch zusammenkommen, ein

Liebespaar sein. Ich war dagegen. Wie sie sich das vorstelle?

Ein paar Tage später saßen wir bei einem Tierarzt und ließen uns über Möglichkeiten der Sterilisation aufklären. 100 Mark würde der Eingriff bei ihr kosten, sagte der Doktor. Ich schluckte. Und bei ihm? Der Mann blickte mich über den Rand seiner Brille an. 50 Mark. Ich fühlte mich wie ein Verräter am Bund der Männer, aber ich ließ es zu. Paul wurde kastriert und daraufhin fett und immer fetter. Paula frustrierte der permanente Liebesentzug. Sie wurde bissig.

Paul starb im Alter von zwei Jahren. Vielleicht aus Gram, womöglich an Herzverfettung. Sie folgte ihm sechs Monate später. Es war die Lunge. Ich hatte an jenem Nachmittag ein paar Kohlezeichnungen auf meinem Tisch ausgebreitet und mit Klebelack, einem sogenannten Fixativ, besprüht, als sie ihr ergrautes Köpfchen aus dem Holzhaus steckte. Es muss ihr die Atemwege verklebt haben. Japsend schleppte sich Paula die Leiter zu ihrem Wassertrog hinauf. Dort sank das Rattenhaupt auf den Beckenrand. Sie war tot. Ich war zu gleichen Teilen erschüttert und erleichtert. Nie wieder wollte ich Haustiere.

Ein halbes Jahr später hatte ich Geburtstag. Anna überreichte mir ein großes Paket. Sie sagte, ich müsse sehr vorsichtig sein beim Öffnen. Ich nahm das Paket und stellte es ab, um mich zu bedanken. Als ich den Karton auf den Boden setzte, machte er leise *miau*.

Wir liefen, stiegen und stolperten über Wurzeln und Baumstämme, der Wald rauschte, und ich schwitzte heftig. Nach einer Weile verließen wir den schmalen Pfad und bogen in einen mit Split bedeckten breiten Weg ein, der von Waldbesuchern reich bevölkert war. Spaziergänger schlenderten uns entgegen, grauköpfige *Nordic Walker* zogen ihre Wanderspieße in den Waldboden stoßend an uns vorbei, Jogger stapften über den Weg, sie bliesen schnaubend kleine Dunstwölkchen vor sich her. (Es hat sich, wie ich feststellte, eine unerfreuliche Mode unter Freizeitläufern etabliert, jedenfalls trugen auffällig viele diese Anzüge, in denen kein Geheimnis verborgen bleibt.)

Nach etwa einer Stunde strammen Marsches erreichten wir einen See, der glatt dalag und trübe in der Sonne schimmerte. Die Hunde fetzten über den Strand ins Wasser, warfen kläffend schmutzigen Sand in Bögen auf, verspritzten Uferschlamm. Die Tiere tollten umeinander her, keines entfernte sich von der Gruppe. Kurzum: Die Lage war übersichtlich. Und so hielten Susi Wolf und ich erst einmal Verschnaufpause. Was guttat, ich war inzwischen klatschnass geschwitzt.

Es war herrlich. Ich guckte verträumt über das Wasser, atmete die klare Luft und spürte, wie mein Puls sich verlangsamte. Doch die Ruhe war mir nicht vergönnt. Ein Tier hielt mich offenbar für einen Spielkameraden, sprang mich an und schleimte mich voll. Ich hatte den Störenfried gerade verscheucht, da stieg neben mir ein Hund aus dem See und schüttelte sich das Wasser aus dem Fell. Ich war zu langsam. Eiskalt drang die Feuchtigkeit an meine Haut.

Die Zuneigung des Hundes hat ihre Schattenseiten, das stimmt, man wird im Schlaf von einer stinkenden Zunge abgeleckt und überall hängt dieses talgige Fellhaar rum, und trotzdem ist mir der Hund zehnmal lieber als die Katze. Warum ich Hunde mag und Katzen geringschätze, ist leicht erklärt: Ich bin ein heilloser Romantiker, Treue rührt mich zu Tränen. Es gibt da diesen Bericht eines österreichischen Kriminalisten, den ich gerne gegenüber Katzenfreunden zitiere, weil er ein lehrreiches Zeugnis vom Charakter der Haustiere ist und eine Warnung an alle, die sich mit dem Gedanken an eine Tieranschaffung tragen. Demnach wird sich im Falle einer Bluttat eine beim Mordopfer eingesperrte Katze an ihrem gemeuchelten Besitzer laben. Das ist so gut wie ausgemacht, denn es entspricht ganz dem Wesen der Miezekatze, etwas derart Abscheuliches zu tun. Befindet sich dagegen ein Hund in einer misslichen Lage der beschriebenen Art, nimmt er neben seinem verblichenen Herrchen Platz, legt das Kinn auf den Fußboden, stupst vielleicht (!) zärtlich gegen den Leichnam, aber verhungert, wenn es sein muss, neben der womöglich lebensrettenden Fleischmahlzeit. Sagte der Kriminalist. Und er blickte dabei ganz weich und verklärt aus seinen an die größten Grausamkeiten gewöhnten Augen.

Wir zählten durch, Frau Wolf sprach kurze Ermahnungen aus, vermutlich um die Meute nach dem Toben wieder zu beruhigen. Dann machten wir uns wieder auf den Weg, traten neuerdings in den Wald. Noch einmal lag in etwa die gleiche Strecke vor uns.

Zwei Stunden dauerte der Ausflug, durchgefroren, verschlammt und mit Speichelfäden überzogen kletterte ich in den VW-Bus. Wir fuhren die Tiere zurück zu ihren Herrchen, unter dem Schunkeln des Wagens schlief ich beinahe ein. Obwohl die Honorare nicht schlecht sind – Hundeausführer nehmen in Berlin bis zu fünfzehn Euro je Tier und Tour – halten Neulinge im *Dogwalker*-Gewerbe selten länger als ein paar Monate durch. Spätestens wenn der erste Schnee fällt, schmeißen die meisten hin, sagte Frau Wolf. »Echt«, gab ich zurück und tat erstaunt. Frau Wolf lächelte bloß. Ich glaube, sie hat es gemerkt.

Sargträger

Es war ein stiller Vormittag, und über den diesigweißen Himmel strich geräuschlos ein Verbund von Zugvögeln. Ich hatte schlecht geschlafen, hatte mich hin- und hergeworfen in meinem Bett, mein Kissen geknüllt, aber meine Gedanken wollten nicht zur Ruhe kommen. Die Ereignisse des Tages ließen mich nicht los. Natürlich war es die Anspannung, die in mir wühlte, auch wenn ich keine Sekunde an den kommenden Tag, an meine Aufgabe gedacht hatte.

Es war kurz vor zehn. Wir standen auf dem kiesbedeckten Vorplatz der Friedhofskapelle. Sechs Männer, schwarzgewandet, schweigend und jeder für sich. Wir trugen schlichte Sakkos (einigermaßen sitzende Sakkos, Zweiknopf, Einreiher), dazu Stoffweste und Stoffhose mit scharfer Bügelfalte, ohne Umschlag. Die Männer rauchten, einer kickte Kiesel vor sich her, ein Zweiter zupfte unsichtbare Fussel von den Jackettärmeln.

Der Dienstälteste gab dann das Zeichen. Er nickte uns

knapp zu, einen von uns, der stand etwas weiter abseits, winkte er mit zwei Fingern heran. Wir bildeten ein Spalier, drei Zweierreihen, Kreuz durchgedrückt. So marschierten wir hinein.

Ich lief wie betäubt. Das eigenartige Gefühl, etwas sei aus den Fugen geraten im Gefüge der Zeit. Als gehe man nicht auf eine Kirche zu, sondern auf das Zerrbild einer Kirche, als woge der Boden, als müsse man achtgeben, nicht ins Leere zu treten.

Was ich wie gewohnt wahrnahm, als wir liefen, waren die Geräusche. Das Knirschen der Schritte im Kies, dann das Scheuern und Schleifen der Sohlen auf den Steinstufen. Feucht-kühle Luft blies uns aus dem Innenraum der Kapelle an. (Ein schwacher Luftzug, der einen modrigen Geruch hatte, wie wenn man an einem heißen Tag in einen alten Keller steigt.) Ich zählte sechzehn Schritt auf dem Steinboden, und wir standen bei dem Sarg.

Stille breitete sich über uns aus, füllte den Raum. Sie floss uns in die Ohren, es war, als könne man sie am Trommelfell spüren. Dann erhob einer die Stimme; die Stille zerriss. »Ziehe hin in Frieden.« Wir drehten uns auf dem Absatz – eine Bewegung, die man wie alle Bewegungen so synchron wie möglich vollzieht –, wir beugten uns herab, wobei wir nach den Sarggriffen langten. Dann hoben wir ihn an. Er wog leicht, viel leichter, als ich erwartet hatte, und ich kann nicht sagen, warum, aber es erschreckte mich.

Automatisch trägt man einen Sarg behutsam; peinlich

vorsichtig, als trage man ein Neugeborenes, etwas Zerbrechliches und ungeheuer Wertvolles.

So trugen wir ihn hinaus. Drei Mann links, drei rechts. Niemand, der geweint, der uns nachgesehen hätte, die Holzbänke waren menschenleer. Herr G. war allein gewesen, als er starb. Über uns schlugen die Glocken.

Draußen unter dem dichten, nahen Himmel, der jetzt mit allem Gewicht auf die Stadt drückte, setzten wir die Kiste auf den Sargwagen. Mit gedämpften Schritten liefen wir über den Kiesweg. Einer ging vorne, der zog den Wagen.

Der Sargträgerberuf ist, betrachtet man die handwerkliche Seite, leicht. Vier oder fünf immer gleiche Abläufe bestimmen die Arbeit, der Rest, insbesondere was es zu vermeiden gilt, ist im Grunde eine Frage der Pietät. Der Dienstälteste hatte mir die Arbeitsvorschriften trotzdem vorgebetet auf der Anfahrt: Kau keine Kaugummis, kratz dich nicht, steck nie die Hände in die Hosentaschen, mach keinen Buckel bei der Senkung. Kapiert? Ich nickte. Man ist als Neuling komplett eingenommen von der Ernsthaftigkeit, die allen Worten, Gesten und sonstigen Handlungen innezuwohnen scheint. Auch wenn man dir sagt, das vergeht.

Nach einem Fußweg von etwa fünf Minuten hatte unser Trauerzug sein Ziel erreicht. (Reihe 11, Platz 5) Wir setzten den Sarg auf Kanthölzer, die wie zwei Schranken quer über der Grube lagen. Dann hielt der Bestatter seine Rede. Er sprach von einer glücklichen Ehe, vom frühen Tod der Frau. Herr G., verstorben 81-jährig in einem Berliner Altenheim, sei stolz gewesen auf seine Abstammung, eine Hugenottenlinie durchziehe seinen Stammbaum. Hin und wieder warf der Redner einen Blick auf eine Karteikarte, wo das Leben des Verstorbenen in Stichworten notiert war. Er hatte es bei den Schwestern und Pflegern im Altenheim zusammenrecherchiert. Ein paar Meter von der Grube entfernt hockte vor seinem flachen Geräteschuppen der Friedhofsgärtner, ein Zausel mit borstigem, kupferfarbenem Vollbart, er sah uns zu, die Hand entspannt auf der Schaufel ruhend.

An handbreiten Hanfgurten zerrten wir den Sarg in die Luft. Wir zogen die Hölzer unter der Schwebe beiseite, dann seilten wir die Kiste ab. Zweieinhalb Meter fuhr sie in die Grube, sanft sank sie in den sandigen Grund. Wir legten die Hände vor dem Unterbauch aufeinander, der Dienstälteste sagte: »Ruhe in Frieden.«

Die Mindesttiefe eines Berliner Grabes beträgt 1,70 Meter, zuzüglich Sarghöhe. Das ist so festgeschrieben im Landesbestattungsgesetz. Der Vorschrift liegt ein Erfahrungswert zugrunde: Wer zu hoch liegt, den holt der Fuchs.

Meine Sorge, etwas falsch zu machen. Auf der Anfahrt durch die Stadt unter dem dichten Hochnebel, als wir wieder schwiegen, fiel mir ein, dass ich bisweilen unter großer Anspannung oder vielmehr, wenn große Anspannung von mir abfällt, lachen muss. In unmöglichen Situationen ist es mir schon passiert, auf dem Standesamt bei der zweiten Hochzeit meines Vaters zum Beispiel, und einmal am Krankenbett meiner Großmutter. Und dann die Meldungen aus den Zeitungen. In beunruhigend kurzen Abständen brachten sie Nachrichten über Missgeschicke bei Beisetzungen. Ich hatte Artikel gelesen mit den Überschriften: »Sargträger ins Grab gestürzt«, »Sargträger lassen Sarg fallen«, »Sargträger bricht am Grab zusammen«, »Sargträger verliert Hose am Grab«, »Leiche rutscht Sargträgern aus Sarg«.

Wir traten beiseite. Einer griff in den Erdkegel, gab aus der Hand drei Würfe in die Grube. Steinchen und Erdkrümel prasselten auf das Holz. Dann trat der Nächste an das Grab. Ein Dritter trug unterdessen das Blumengesteck zurück in die Kapelle, es wird wiederverwendet bei der nächsten Beisetzung ohne Publikum. Die Trauerblumen nickten unter der Bewegung. Das herbe, ranzige Aroma der Chrysanthemen wehte heran.

Zurück im Mercedes-Transporter ging es zur zweiten Bestattung. Das Radio spielte eine Popwelle. *Die besten Hits aus vier Jahrzehnten.* Die Männer rauchten. Im Himmel löste sich der Hochnebel, ein schwacher blauer Schimmer zeichnete sich hinter dem dünner werdenden Weißschleier ab. Es würde aufklaren.

Die Sargträger des Unternehmens, für das ich arbeitete, holen Tote aus den Kellerräumen der Krankenhäuser und

Altenheime, sie bergen Körper von Tatorten und sammeln Leichenteile aus den Kiesbetten der Eisenbahn und vom summenden Asphaltband der Autobahnen. Das Übrige sind Hilfsarbeiten bei der Bestattung. Sie drapieren die Altarkerzen und Blumengestecke in den Aussegnungshallen, sie straffen die Spruchbänder an den Trauerkränzen. Ist kein Friedhofsgärtner zugegen, heben sie eine Grube mit dem Spaten aus, was aber selten vorkommt, sagen die Männer; auf dem Lande ab und an vorkommt, wo die Gemeinden schrumpfen. Der Lohn der Arbeit ist bescheiden. 7,50 Euro brutto in der Stunde sind ein übliches Salär und mehr als zwei Beisetzungen am Tag eine Seltenheit, Beerdigungen finden fast nur zwischen zehn und vierzehn Uhr statt. Gelegentlich stecken die Angehörigen den Trägern ein Trinkgeld zu, auf fünf bis zehn Euro je Mann und Grablegung beläuft sich die Zuwendung üblicherweise. Und so beziehen viele hauptberufliche Sargträger zusätzlich zum Gehalt Stütze.

Dazu der schlechte Ruf. Wer sich von Berufswegen mit dem Tod umgibt, gilt vielen Menschen als fragwürdiger Zeitgenosse, unausgesprochen unterstellt man eine abartige Vorliebe, mithin eine behandlungswürdige Neigung. Und dann ist da der Aberglaube, die Angst vor einer Art negativen Aura, die vermeintlich diejenigen umgibt, die mit Leichen Umgang haben. Nicht wenige Menschen verhalten sich gegenüber Sargträgern, als ob der Tod selbst ansteckend wäre. Veith, einer meiner Kollegen, erzählte: Als er anfing auf dem Friedhof zu arbeiten, sah er seine Mutter oft besorgt, sie fürchtete, ihr Sohn könne ein trauriger Menschen werden. Veiths Freundin stellte damals eine Regel auf: »Komm nicht zu mir nach der Arbeit«, sagte sie. Sie ekelte sich.

Wir erreichten unser Ziel eine Stunde vor der Trauerfeier. Im Einsatzplan sind großzügige Zeitpuffer angelegt, weil das Letzte, was Beerdigungen vertrügen, Gehetztsein sei oder Angehörige, die warten müssen auf die Beisetzung, sagt mein Chef. Der Fahrer parkte den Wagen, drehte den Zündschlüssel und zog ihn ab. Er stellte das Radio aus. Einer kippte seinen Sitz nach hinten und schloss die Augen. Die anderen zückten ihre Feuerzeuge.

Ausschließlich Männer, hatte mein Chef gesagt, keine Schwarzen, Südländer oder Asiaten; Tätowierungen, die von der Kleidung nicht vollständig bedeckt werden, führen unweigerlich zur Ablehnung des Bewerbers, das Gleiche gilt für sichtbare Piercings. Die Einstellungsvoraussetzungen meines Chefs sind übersichtlich, aber keinesfalls verhandelbar. Eine gelungene Beisetzung entspricht allen erdenklichen Klischees. Wenn die Welt der Angehörigen aus den Fugen geraten ist, soll nichts das Auge, die inneren Bilder, irritieren. Was schiefläuft, sagte mein Chef, brennt sich ins Gedächtnis ein. Keine Experimente, sagte er, man sterbe schließlich nur einmal.

Es dauerte eine gute halbe Stunde, bis sich die Trauergemeinde vollzählig auf dem Vorplatz der Kapelle versammelt hatte. Eine gefasste Gesellschaft. Frauen mit Flor am

Hut, gekämmte Kinder. Vereinzelt vernahm ich gedämpftes Lachen. Gesprächsfetzen über Fortschritte beim Hausbau (in zwei Wochen halte man Richtfest), eine Tante habe sich für heute entschuldigt, der schlechten Gesundheit wegen. Man rechne damit, dass sie die Nächste sei. Der Toten soll ein langes, erfülltes Leben vergönnt gewesen sein und so weiter. Der Himmel war jetzt fast wolkenlos, mild schien die Herbstsonne auf die Szene.

Wir zogen unsere Schirmkappen über und holten die weißen Stoffhandschuhe aus dem Kofferraum. Die Angehörigen hatten die *Versorgungsvariante Tradition* bestellt. Während sich noch einige vor der Kirche am Flügeltor ins Kondolenzbuch eintrugen, bedeutete mir ein Kollege, ihm zu folgen. Wir verließen den Kapellenvorplatz und stiegen eine hohlgetretene Steintreppe an der Westflanke des Kirchenbaus hinunter, dann durchmaßen wir einen Gewölbekeller.

Da lag hinter einer Säule aufgebahrt in einem Eichensarg eine Greisin im rosafarbenen Spitzenhemdchen. Ihre Haut war bräunlich, ledern, ihre Finger dürr, wie Stöckchen, die Gelenke traten dick hervor. Wir hoben den Deckel auf die Kiste und drehten die Sargnägel ins Holz, setzten sie auf eine Hebebühne. Ich betätigte einen Kunststoffdruckknopf (grün), der zu leuchten begann, als der Motor ansprang. Über uns öffnete sich eine Klappe, der Sarg stieg nach oben. Heulend mühte sich der Motor unter der Last.

Das Gesicht meiner toten Großmutter kam mir in den Sinn. Das Bild ihres leblosen Körpers im Krankenbett.

Ich war von Berlin nach Augsburg gefahren, um meinen Abschiedsbesuch zu machen. Dass es ein Abschiedsbesuch sein würde, daran hatten die Schwestern im Altenheim keinen Zweifel gelassen, es konnte nur noch einen, höchstens zwei Tage dauern, sagten sie.

Sechs Stunden mit dem Schnellzug, und ich fühlte mich, als halte ich ein Wettrennen mit dem Tod ab. Meine Mutter erwartete mich in der Bahnhofsvorhalle.

Drei Stunden saßen wir bei ihr, dann war ich einen Kaffee trinken gegangen. Die Nacht war kurz gewesen, mein Körper fühlte sich taub an von der Müdigkeit. Als ich gerade wieder in den Flur bog, wo das Zimmer meiner Großmutter lag, sah ich meine Mutter aus der Tür kommen. Mutters Bewegungen waren fahrig, ihr Gesicht starr. Ich wusste, dass etwas geschehen war.

Eilig gingen wir hinein, Mutter neben mir, mit gebeugtem Rücken. Ein Kind, das in einen Kohlenkeller steigt.

Omas Gesicht hatte seine charakteristischen Züge in den vergangenen Wochen zusehends verloren, war eingefallen, spitz geworden. Ihre Haut war wie aus Pergament. Seit Tagen war sie fast reglos dagelegen, dämmrig, kaum dass sie den Kopf zur Seite gedreht hätte.

Jetzt war eine eigenartig Spannung in ihrem Körper. Sie hatte sich ein wenig von der Matratze abgedrückt, den Brustkorb angehoben. Oma atmete schwer, der Schleim, den die Pfleger alle halbe Stunde entfernen mussten, rasselte in ihrer Brust. Wir riefen nach der Schwester.

Ich setzte mich an das Bett, meine Mutter war zu aufgewühlt, um Platz zu nehmen, sie nahm Omas Hand. Die Schwester trat herein; sie sagte nichts, warf uns nur einen Blick zu, ein knappes Lächeln, freundlich, aber wie ein Punkt am Ende eines Satzes. Sie zog eine Falte aus der Decke, strich das Laken am Fußende glatt. Erfahrene Bewegungen, dabei durchaus liebevoll. Dann ließ sie uns allein. Wir warteten.

Und irgendwann ganz allmählich wich die Spannung aus ihrem Körper. Der Atem kam seltener, bald hob sich ihre Brust nur noch jede halbe Minute. Dann war sie still. Eine Gerade. Aus Omas Pergamenthaut wurde eine glänzende Porzellanhaut.

Über mir schloss sich die Klappe im Altarfußboden. Die Hebebühne sank wieder herab.

Später bei der Prozession zog ich mit einem Kollegen den Blumenwagen über den Friedhofsweg. Über uns, in großer Höhe, neuerdings Zugvögel.

Der Blumenwagen bildet stets die erste Position des Leichenzuges. Es folgte ein Pfarrer, blond, schütter, im goldfarbenen Talar, der sich über seinen kleinen Bauch spannte. Er schwenkte ein Weihrauchfässchen an der Kette, murmelte Gebete in den Rauch. *Vater, ich befehle meinen Geist in deine Hände.* Dahinter, mit verschlossenen Gesichtern, die Männer mit dem Sargwagen, schließlich die Angehörigen, sechsundzwanzig Trauergäste. An ihrer Spitze schritt ein älterer Herr, scharfgeschnitten-aristokratische Gesichtszüge, die stramme Haltung eines Opernballkavaliers, eine Dame am Gehstock hatte sich bei ihm eingehängt.

Bei der Senkung schlug mir das Herz bis in den Hals. (*Mach keine Fehler jetzt!*) Als der Sarg im Erdreich ruhte, verneigten wir uns über der Toten und reihten uns an der Einfriedung auf, Hände übereinandergelegt, links über rechts. Der Pfarrer spritzte Weihwasser aus einem strohfarbenen Wedel auf die Kiste, dann auf die Angehörigen, sprach dazu seine Segnungen. Schließlich stach er mit einer kleinen Schaufel Sand aus dem Dreifuß, *Erde zu Erde, Staub zu Staub.* (Das Klopfen der Steinchen auf dem Holz.) *Er wird den Tod verschlingen auf ewig. Und Gott, der Herr, wird die Tränen von allen Angesichtern abwischen.* Wir standen noch eine Minute dabei und verließen dann die schwarzgewandete Gesellschaft. Wortlos lenkten wir den Sargwagen zurück, parkten ihn auf der Höhe der Sakristei. Es lag, als wir fuhren, ein merkwürdiger Schimmer, eine Art dunkles Leuchten auf der Stadt und auf den Dingen, wie ich es zuvor nicht gesehen habe.

Sexshop-Aushilfe

Sie war ihm eigentlich zu zierlich, und sie sprach mit dieser etwas spröden Melodie des Sächsischen. Das Kinn fand Marcel unattraktiv kräftig, auch ihre übrigen Gesichtszüge waren ihm zu hart. Überhaupt war etwas Jungenhaftes an ihr, und das kurze, im Nacken hochrasierte Haar unterstrich es noch. In der Disco hätte er sie wahrscheinlich nicht angesprochen. Aber jetzt … Seit Monaten hatte Marcel mit keiner Frau geschlafen, und die Enthaltsamkeit raubte ihm inzwischen den Schlaf. Marcels Konzentrationsfähigkeit litt, er glaubte, überall, wo er hinsah, weibliche Schenkel zu erblicken, Brüste, die sich unter T-Shirts abzeichneten. Es war fatal, eine ausweglose Lage: Ein Glimmen in den Augen verriet seine Not, wahrscheinlich lief ihm schon der Geifer aus dem Mund. Und jetzt gab es da diese Gelegenheit. Marcel zog sich aus.

Fünf Männer, fünf der fünfzehn, mit denen sie an diesem Drehtag Sex haben sollte, waren bereits auf ihre Kosten gekommen; die Crew hielt Drehpause. Zufrieden, ausgepumpt, mit stumpfem Blick hingen die Darsteller an der Bar des Swingerclubs über Bier mit Limonade und Mineralwasser mit Zitrone, ab und an riss einer einen derben Witz, dann wurde kurz laut und deftig aufgelacht.

Es war der Kameramann, der aus dem Augenwinkel wahrnahm, dass ein Neuer auf das Set trat. Sie saß noch im warmen Licht der Scheinwerfer, wischte sich mit einem Handtuch sauber. Der Mann, ein alter Hase im Geschäft, der wusste, wann es galt draufzuhalten, klemmte die rauchende Zigarettenkippe zwischen die Zähne und hob die Kamera auf die Schulter. Die Linse fing das erste Bild ein: Marcel, nackt, erregt. Ihre Blicke trafen sich, Marcel sagte: »Hey!« Der Tonfall war ihm zu hart geraten, zu forsch. Er ärgerte sich über den Lapsus. Sie lächelte. Ihr Körper war straff, etwas dünn vielleicht, die Rippenbögen traten hervor, aber die kleinen Brüste, fand er, waren schön geformt.

Es dauerte nicht sehr lange. Die Aufregung, vermutlich.

»Gute Leistung, fürs erste Mal«, befand der Regisseur und drückte ihm einen Hundert-Euro-Schein in die Hand. Marcel blieb noch eine Weile. Sog die Atmosphäre auf. Der Ort, die Unverbindlichkeit. Irgendwie gefiel es ihm.

Marcel war damals dreiundzwanzig Jahre alt, er studierte Betriebswirtschaftslehre in Hamburg, Nebenfach Jura, fünftes Semester. Mein Bekannter ist eine durchschnittliche Erscheinung. Etwas Schalkhaftes ist seinen Zügen eingeschrieben und etwas Aufgewecktes, ein Typ, der für Werbeprospekte eines lokalen Autohauses Modell stehen könnte. Um sich das Studium zu finanzieren, saß er an einer Tankstelle am Stadtrand Nachtschichten ab. Einmal hatte er als Oben-ohne-Kellner in einer Bahnhofskneipe gearbeitet, und hin und wieder legte er sich für zehn Euro Stundenlohn zu Vorführungszwecken unter das Ultraschallgerät eines Herstellers medizinischer Spezialapparate. Von dem Job im Pornogeschäft hatte er in einem einschlägigen Kontaktmagazin gelesen, er las solche Magazine in letzter Zeit regelmäßig. *Männliche Darsteller für Erotikproduktion in Hamburg gesucht. Gepflegtes Äußeres, HIV-Test.* Er hatte die Nummer gewählt, zwei Mal klingelte es, dann war der Chef persönlich am Apparat. Es war ein nüchternes Gespräch, man redete über Konditionen und Bedingungen, Marcel kam es vor, als spräche man über einen gewöhnlichen Aushilfsjob. Schließlich nannte sein Gesprächspartner die Adresse eines Swingerclubs. Marcel solle einfach vorbeikommen, dann werde man sehen.

Ein paar Tage darauf stand Marcel vor den fünf halbnackten Männern an der Bar. Blicke, die nur registrierten, ohne jedes Interesse an dem, was sie einfingen. »Nach hinten durch«, sagte einer, der den Kopf aus der Reihe der Sitzenden gereckt hatte, er winkte mit dem Finger in die Richtung.

Der Drehort lag am Ende eines Flures, dessen Boden

bedeckt war mit Velours von einer unbestimmbaren Farbe, irgendwie grüngrau. Man hatte den Raum für die Fetischisten gemietet; Einrichtung für Fesselspiele, eine Art Reitgeschirr mit Halfter und Kandare stand herum, in einer Ecke war ein schwarzlackiertes Holzkreuz von zweieinhalb Metern Höhe befestigt. Sie war gerade mit einem Mann zu Gange. Ein walkender Rücken zwischen ihren Schenkeln. Das abgekämpfte Stöhnen des Mannes.

»Bist du Marcel?«, fragte jemand. Die Stimme vom Telefon. Marcel stierte, nickte. »Wenn du Lust hast, geh einfach hin. Und gib Bescheid, wenn du soweit bist.«

Eine Stunde war Marcel nach seinem Auftritt noch geblieben. Er würde wiederkommen, das wusste er bestimmt. Hundert Euro waren eine Menge Geld.

Marcel ist in fünfzig Pornofilmen aufgetreten, sein Gesicht ist in keinem zu sehen. Die Kamera spart es höflich aus. Dass nur die Frauen zu erkennen sind, ist eines der wenigen Gestaltungsprinzipien der schnell produzierten Filme. Es erleichtert dem Zuseher die Identifikation mit den männlichen Darstellern. Meist wurde in einer Einzimmerwohnung gedreht, zweites Geschoss, in einem gesichtslosen Bürogebäude. Die Produktionsfirma hatte das Appartement eigens für die Filmaufnahmen angemietet. Ein beinahe vollkommen leeres Zimmer, ein Doppelbett stand auf dem Parkettimitat, sie hatten das Fenster mit einem blassgelben Frotteehandtuch gegen Sicht verhängt. Üblicherweise waren zehn bis fünfzehn Männer am Set und meist nur eine, manchmal zwei Frauen. Die Darstellerinnen waren Stripperinnen, Gogo-Tänzerinnen, Prostituierte, Friseurinnen, viele kamen damals eigens aus Ostdeutschland, Polen oder der Ukraine angereist. Die Bezahlung war gut, aber kein Vergleich mit den Gagen der Profis. Sie waren schließlich keine Stars mit durchtrainierten Körpern, gebräunter Haut und riesenhaften Geschlechtsteilen, normale Leute eben, unrasiert und manchmal wirkten sie etwas tollpatschig. Marcel kam des Geldes wegen und wegen des Sex. Kein guter Sex, schnelle Triebabfuhr zur Beruhigung der Nerven, das Schnauben der andern in seinem Rücken nahm er in Kauf. Auch dass er sich ein paar Mal etwas einfing, hielt ihn nicht ab wiederzukommen. Tagelang litt er dann an Ausfluss und brennenden Schmerzen beim Wasserlassen. Marcel fluchte heftig, aber er vergaß die Schmerzen. Nur einmal hatte es ihn große Überwindung gekostet. Sie war dick, ein Körper wie aus Gelatine, an ihrem Bauch hing ein Hautlappen herab. Aber der Kameramann benötigte noch Material. Als Marcel ein Mädchen kennenlernte, ging er nicht mehr hin.

Ich habe nie einen Swingerclub von innen gesehen. Und auf die Idee, als Pornodarsteller zu arbeiten, wäre ich im Traum nicht gekommen. Ich kann nicht sicher sagen wieso, aber das Sexgewerbe stößt mich ab. Vielleicht hat meine Abneigung mit meiner Vorstellung von Partnerschaft zu tun, nach der zwei Menschen sich genügen sollten, aber sicher weiß ich das nicht. Doch zugleich ist da eine unerklärliche Anziehungskraft. Mir ist gelegentlich eine eigenartige Lust am Abseitigen eigen, die mich nötigt, mir anzusehen, was ich eigentlich gar nicht sehen will. Marcels Bericht hatte dieser seelischen Kondition Nahrung gegeben. Kurzum: Die Sache forderte mein Interesse heraus. Also entschloss ich mich, im *Sexbusiness* zu arbeiten, und wurde in einem Sexshop vorstellig. Ich hatte mir allerdings nicht irgendeinen beliebigen Laden ausgesucht, wenn, dann sollte schon etwas geboten sein. Ich fand einen Shop, in dem Videokabinen untergebracht sind, ein Kino und – besonders interessant – ein Séparée, in dem eine Prostituierte Kunden empfängt.

Der Sexshop, in dem ich eine Frühschicht ableistete, liegt in einer ruhigen Seitenstraße. Lediglich ein rotes Neonschild, dessen Schriftzug auf *Love* lautet, zeugt von seiner Existenz. Der Laden verbirgt sein Innenleben durch einen zweiteiligen, überlappend gehängten Filzvorhang. Mit den Händen kann man die Stoffbahnen auseinanderschieben, durch den Spalt schlüpft man hinein.

Es war früh, halb neun am Morgen, und die Straßen lagen noch kalt von der Nacht, müde floss in der Ferne der Berufsverkehr, als ich meinen Dienst begann.

Das Geschäft ist in rot schimmerndes Licht getaucht. Filzimitat liegt auf dem Boden aus. In langen Fluren stehen Wandregale voller Filme, Magazine. In einer ausgeleuchteten Glasvitrine: Gleitgel in Tuben, Handschellen mit rosafarbenem Plüschbesatz, ein Penisabdruckset. Heinz, mein Kollege, führte mich eine Treppe hinab zum Chef.

Mein Chef ist eine grobschlächtige Erscheinung, er

trägt Glatze, im Nacken spannt sich die Haut über einer fleischigen Gewebewulst. Etwas Dunkles haftet seinen Zügen an. Ich kann nicht sagen, woher es rührt, aber er verströmt das Aroma von Knast und Zuhälterei; auf Anhieb traut man ihm cholerische Ausbrüche zu. Er duzte mich. Ungefragt natürlich, dabei freundlich. Allerdings ist seine Freundlichkeit von jener Art, die keine Widerrede duldet. Er sah übernächtigt aus, rieb sich vor seinen Papieren sitzend im Kellerbüro des Ladens die Augen, als er mir meine Aufgaben aufzählte.

Oben im Shop begann ich mit dem Zählen der Filme, die Inventur gehört zu den täglichen Pflichten der Angestellten. Meine Augen wanderten über Frauenkörper in Satin-Spitze und Leder, über Paare und Großbildaufnahmen von Geschlechtsteilen. Still führte ich meine Strichliste. (1. Reihe, 51 Stk.) Im Radio ein gutgelaunter Moderator, der sich mit einem Witz mühte. Auf dem Bildschirm, der in einem filigranen Metallgestell über dem Tresen unter der Decke hängt wie ein Kronleuchter, klatschten Körper aufeinander.

Gegen 9.30 Uhr betrat der erste Kunde den Shop. Der Mann hielt direkt und sehr bestimmt auf den Tresen zu. Das Münzgeld – 7,50 Euro kostet eine Tageskarte – rieselte abgezählt aus seiner Hand in den Plexiglaskassenteller.

»Einmal Kino.«

Ich sortierte das Geld in die Münzfächer. Rechts an der Wand sitzt ein elfenbeinfarbener Druckknopf, mit dem man die Tür zum Vorführungssaal entriegelt. Ich betätigte den Summer. Ohne ein weiteres Wort schlüpfte der Mann durch die Tür. Ein Schattenriss, blau, im flackernden Gegenlicht.

Wieder bei den Regalen. Eine Blondine posierte im Latex-Schneewittchen-Kostüm, kreischende Farben, rot, blau, gelb. Ein Cover, das eine Szene zeigt, die an einen Film erinnert, an dem Marcel mitgewirkt hat. (5. Reihe, 57 Stk.)

Neuerdings trat Kundschaft ein. Ein Klotz von einem Menschen, dabei hatte er etwas Großvaterhaftes an sich, weißes Haar, Bürstenschnitt, Hornbrille mit eckiger Fassung, die zu den Nasenflügeln gerutscht war, er blinzelte kurzsichtig durch die Gläser. Der Mann ging am Stock, die Faust umschloss den Knauf derart fest, dass die Knöchel hervortraten. Sein Atem pfiff asthmatisch. Auch der Dicke löste eine Tageskarte, versenkte drei Stück Würfelzucker im Plastikbecher Filterkaffee, den es dazu gibt, als Bonus. Der Erwerb eines Tagestickets ermächtigt zum Besuch des Kinos bis zum Geschäftsschluss um drei Uhr nachts, Kommen und Gehen ist nach Belieben erlaubt, wovon viele Kunden Gebrauch machen.

Die Sonderangebote weckten sein Interesse. Er beugte sich über die Auslagen, sein Atem hob und senkte den breiten Rücken. Mit dem übersättigten Blick des Kenners, eines Gourmets, der Lebensmittel prüft, begutachtete er die ausliegenden Waren. Doch nichts traf seinen Geschmack. In das Kino ging er nach einem gepressten Ausschnauben. Wie einer, der zur Pflicht schreitet.

Der Vorführraum ist ein schlauchförmiger, verdunkelter Saal, bestückt mit einundzwanzig Kinosesseln und Perltuch-Leinwand, der Mittelgang ist schmal. Männer verabreden sich darin. Viele haben Familie, die Frau zu Hause ahnt nichts. Einige können sich ihre Neigung nicht einmal selbst eingestehen. Sie besuchen das Kino wegen der Blicke der andern oder wegen dem, was sie mit verstohlenen Seitenblicken bei den Sitznachbarn zu sehen bekommen.

Wieder bei den Filmen. (Letzte Reihe, 48 Stk.) Das blutige Zeug. Der Chef nennt das Genre *Englische Bestrafung.* Auf den Covern blitzen blutverschmierte Fleischerhaken aus Wunden. Vielfach Fesseln. Komplex geknotetes Seil und Frauen grotesk verdreht in Folterhaltung, ein Rücken, der mit frischen Striemen überzogen ist, zugerichtete Brüste, Haut voll blauer Flecken. Ich wand mich den Glasvitrinen zu: spanische Tropfen (15 Stk.), Penisringe (37 Stk.), Gleitgel (15 Stk.), Brustwarzenklemmen, vibrierend, inkl. Batterie (2 Stk.). Auf dem Bildschirm ein Vierer, im Radio lief ein deutscher Schlager. Dann verbreitete sich eine Klatschreporterin mit Spitzen auf Äußerlichkeiten eines Schauspielerpärchens.

Ein Mann, er hatte eine Weile in den A5-Magazinen geblättert – sie zeigen Akte, keine Geschlechtsteile –, rauschte in das Nebenzimmer, wo die Kabinen stehen.

Mein Chef betreibt neben dem Kino in einem eigenen Raum drei Videokabinen. Die freistehenden Boxen sind kaum größer als *Dixi*-Klos. In die vordere Wand sind hinter Glasplatten zwei Bildschirme eingelassen. Auf der gegenüberliegenden Seite kann man auf einer Sitzbank mit purpurfarbenem Kunstlederbezug Platz nehmen, auf dem Boden liegt ein diagonal geriffeltes Aluminiumblech aus. Der Belag ist rutschfest. Der Schlitz für den Münzeinwurf und der Halter für die Küchenpapierrolle sind links an die Wand montiert worden; beides in guter Reichweite. Die Filmauswahl trifft man mit dem Schaltknüppel. Der intuitiv zu bedienende Steuermechanismus erlaubt rasches Vorspulen, ferner schnelle Film- und Szenenwechsel. Der Mülleimer für den gebrauchten Zellstoff (mit Tretmechanismus, der einen Schwingdeckel in Bewegung setzt) steht in einer Ecke auf dem Fußboden. Die Kabinentür (Spanplatte, Metallbeschlag) verschließt man mit einem Schieberiegel. Sofern man das möchte.

Manche Kunden lassen die Kabinentür offen, in der Hoffnung auf Gesellschaft oder, wenn entsprechende Verabredungen getroffen wurden, in der Erwartung eines Besuchers. So lange sie ihre Münzen nachwerfen, unternehmen wir nichts dagegen, sagte der Chef.

Verlässt ein Kunde die Kabine, nimmt man die Greifzange zur Hand. Das Gerät hat einen ergonomisch geformten Griff, Drahtzugmechanik mit Gegenfeder. Die Mitarbeiter der Stadtreinigung verwenden ein ähnliches Modell. Man geht am Tresen vorbei, bis man auf den Perlenvorhang trifft, man teilt den Perlenvorhang mit der Hand, hell klirren die Plexiglassteine, die Fadenenden tanzen über dem Teppichboden. Man betritt einen verdunkelten Raum, sucht die eben benutzte Kabine und öffnet sie. Liegt ein Papierknäuel auf dem Boden, hebt man es mit dem Greifer auf und befördert den Zellstoff in den Mülleimer. Das ist alles.

Als der Mann den Raum mit den Videokabinen verließ, ging ich rein. Das Papier schmatzte, als der Greifer zupackte.

11 Uhr. Draußen rauschte geschäftig die Stadt. In der Ferne klopfte ein Presslufthammer. Ich zählte die Dildos (30 Stk.), dann die Kondome (117 Pckg.). Im Radio: ein »Promikoch«, der Tipps für die Zubereitung einer Sauce hollandaise gab. Die Spargelsaison sei ausgezeichnet.

Im Laden hängt neben dem Eingang ein Schaukasten, mit Fotografien, schwarz-weiß, auf denen die Prostituierte posiert. Aus einem Bereich, den das Kameraobjektiv nicht eingefangen hat, hängt eine Stahlkette aus fingerdicken Gliedern ins Bild. Die Frau hält sich daran mit entspannter Hand. Die Kette läuft an der Innenseite ihres Unterarmes hinunter, berührt den rechten Rippenbogen flüchtig, schlingt sich einmal um ihre Hüften und verschwindet nach unten aus dem Bild.

Ein Kunde, Anfang dreißig, Krawatte mit schräg eingewirkten, fadendünnen Streifen trat an den Tresen, er wolle zu dem Mädchen, Gogo, erst mal fünf Minuten, dann werde er weitersehen. Ich kassierte fünf Euro, der kleine Betrag dient als Lockmittel.

Der Mann verlängerte nicht. Vermutlich war sie nicht

sein Typ. Oder er hatte Wünsche, die sie nicht erfüllen wollte.

11.30 Uhr. Tina saß in ihrer Kammer neben dem Séparée, wo sie ihre Kundschaft bedient. Sie ist etwa vierzig, trägt Dauerwelle, ihr Haar ist dünn, strapaziert, sie rauchte überspannt. Ein Chihuahua lag zitternd auf ihrem Schoss. Tina kraulte das Hündchen hinter dem Ohr, blinzelnd schloss es die glasigen Augen. Aus der Glutspitze ihrer Zigarette stieg der blaue Dunst in kerzengerader Linie nach oben, wo er sich verquirlte und träge zerfloss. Was Kunde und Mädchen für Geld machen, ist eine Frage der Absprachen. Tina sagt, sie mache alles, außer tanzen.

11.45 Uhr. Hinten in ihrem Kabuff schlug Tina die Seite einer Illustrierten um. Die Kundschaft ließ noch auf sich warten. Das Magazin brachte eine *Homestory: Unternehmerpaar Z., Karl (55) und Marion (48), gewährt Einblicke in seine privaten Gemächer.* Ein Feriendomizil. Das ganze Haus ist in weiß und rosé eingerichtet. Auf einem Fliesenboden, Naturstein, steht ein barocker Schreibtisch, mit vergoldeten, s-förmigen Beinen, in einem Kamin lodert ein Feuer. Prachtvolle Blumengestecke in wuchtigen Bodenvasen. Ein paar Seiten weiter: Bilder aus Saas-Fee (Schneeglitzern, TV-Prominenz beim Touren-Ski, ein Mann, etwa sechzig, entblößt ein mächtiges weißes Gebiss), weiter hinten eine Story aus St. Barths (ein Netz aus Lichtlinien wabert auf türkisfarbenem Wasser, darüber wölbt sich ein unendlich weiter Karibikhimmel).

Die Unterbrechung ihrer Lektüre war kurz, Tinas Stammkunde, ein kleiner scheuer Mann mit Stirnglatze, hatte wie üblich nur etwa fünf Minuten gebraucht.

Manchmal, wenn der Film zu leise ist, muss man in den Vorführraum und die Lautstärke hochregeln. Man nimmt die Taschenlampe zur Hand, eine *MAG-LITE*, wie sie die amerikanischen Polizisten benutzen, das Gerät ist ein regelrechter Totschläger. Dann greift man sich die Fernbedienung, betätigt den elektrischen Summer und geht rein.

Zuerst sah ich nur Schemen, die Projektionen blendeten. Die Luft war leergeatmet, warm und feucht. Ich suchte die Decke nach dem Projektor ab. Ich korrigierte die Lautstärke nach oben. Drei Mal kurz auf die *Volume*-Taste tippen. Als ich den Blick senkte, erkannte ich Köpfe im Gegenlicht. Die beiden Männer neben der Tür bemerkte ich erst, als ich ging. Sie sahen sich gegenseitig dabei zu.

Anfragen nach Kinderpornos gibt es nicht. Aber es gibt Anfragen nach Tiersexfilmen, sagte der Chef. Aber wer ihm so komme, den schmeiße er gleich raus.

Im Keller unter dem Shop liegt neben dem Büro das Stundenzimmer. Der Raum misst etwa zwölf Quadratmeter, niedrige Decke, gekalkte Betonwände, der Boden ist mit diagonal ausgelegten Fliesen bedeckt, Baumarktware, marmoriert. Das Bett wird stets nach der Benutzung frisch bezogen. (Prinzipiell meine Aufgabe.) Zwanzig Euro kostet das Zimmer pro Stunde, ein Film freier Wahl ist im Preis inklusive.

Das Pärchen war einverstanden, er suchte den Film aus. Sie wartete am Tresen, eine dürre Gestalt von hölzerner Steifheit. Die beiden blieben auf dem Zimmer, bis ich Dienstschluss hatte.

17 Uhr. Feierabend. Ich wusch meine Hände und verabschiedete mich. Dann schob ich einen Spalt in den Filzvorhang und schlüpfte hinaus.

Nach anderthalb Jahren in seiner Beziehung begann Marcel wieder Pornos zu drehen. Seine Freundin ahnte nichts. Heute, sieben Jahre später, arbeitet er in einem Swingerclub hinter der Bar. Mit Auftritten in Pornofilmen lässt sich nichts mehr verdienen. Männer, die bei kleinen Produktionen mitwirken wollen, müssen inzwischen Geld bezahlen.

Testperson

Weiße, dünne Wolkenschleier über den Dächern Berlins, die sich am Himmel zügig auflösten. Ich saß am Frühstückstisch, noch ein wenig bettschwer, und rührte in meiner Tasse Kaffee. Mein Blick ging aus dem Fenster, ans Firmament. Es würde herrliches Wetter geben. Ich dachte nach. Noch stand nicht fest, welchen Job ich als Nächstes antreten würde, aber eigentlich hatte ich keine Lust, irgendetwas zu tun.

Ich nahm einen Schluck, sah mir die Wolken an.

Da fiel mir Vicky ein.

Hatte die nicht während des Studiums als Testperson in psychologischen Laboratorien gearbeitet? Was sie damals erzählte, hatte nicht schlecht geklungen. Testpersonen haben keinen Chef, müssen sich nicht hetzen, machen sich die Finger nicht schmutzig … Ich nahm mein Handy zur Hand, tippte eine Textnachricht ein.

Ein paar Minuten später summte das Telefon auf dem Küchentisch.

»Ja, auf jeden Fall ein super entspannter Job. Gibt zehn Euro pro Test. Kann ich Dir nur empfehlen! Liebe Grüße V.«

Entspannt klang sehr gut. Ich nahm einen Schluck Kaffee und sah dann noch ein wenig aus dem Fenster.

Zwei Tage später stand ich mit einem Einwegrasierer in der Hand vor einem Toilettenspiegel im ersten Obergeschoss eines modernen Gebäudekomplexes und nahm mir den Bart ab. Man hatte mich um die Rasur gebeten, sie sei nötig, hatte es geheißen, damit die Messdioden, die man mir ins Gesicht zu kleben gedenke, haften blieben. Ich war nicht unbedingt angetan gewesen von dieser Mitteilung, hatte mich aber dann doch dazu durchgerungen. Nun gut, es mag daran gelegen haben, dass eine ausgesprochen schön gewachsene junge Assistentin im weißen Arztkittel mich darum bat. Wie auch immer.

Ich stellte nun jedenfalls erleichtert fest, dass ich ohne Fünftagebart nicht erheblich anders aussehe als mit. Allein dass ich mich geschnitten hatte, stimmte mich etwas übellaunig. Doch als ich zurückgekehrt war in das Labor, einen kleinen Raum, grauer Teppichboden, mit Messapparaten vollgestellt, übernahm sogleich die attraktive Assistentin die Wundversorgung, was sie zärtlich besorgte, und dann lächelte sie auch noch recht nett, da war ich wieder besänftigt.

Der Versuchsleiter, ein schmalgesichtiger, hochaufgeschossener Mann, trat nun an meinen Sessel. Er sagte, um die Haftung der Dioden auf meiner Haut zu erhöhen, würde er mir jetzt noch ein Peeling angedeihen lassen.

Da horchte ich natürlich auf. So ein Peeling soll ja ausnehmend entspannend sein! Ich gab dem Mann zu verstehen, dass ich mit dieser Maßnahme sehr einverstanden sei. Der Versuchsleiter nahm eine weiße Tube zur Hand und drückte etwas Paste auf ein Wattepad, ein angenehmer Zitrusgeruch stieg in meine Nase. Der Mann legte das Pad auf meine Wange. Ich verspürte eine wohltuende Kühle auf der gereizten Gesichtshaut und schloss vor Vorfreude schon ganz tüddelig geworden die Augen. So lass ich mir Arbeit gefallen, dachte ich.

Nun, ich hatte, wie man so sagt, die Rechnung ohne den Wirt gemacht. Denn als der Mann mit der eigentlichen Behandlung begann, stellte sich heraus, dass die besagte Peelingcreme eher so eine Art pastenförmiges Schmirgelpapier war. Ein grobkörniges. Mit roten Reibeflecken im Gesicht harrte ich der weiteren Schritte. Namentlich der Verkabelung.

Die war jetzt, wie soll ich sagen, nicht unbedingt ein Ärgernis, nein, so weit würde ich nicht gehen. Okay, stimmt, man fühlt sich nicht mehr wie ein Proband, sondern eher schon wie ein Patient, wenn einem überall im Gesicht die Messdioden kleben, um einen her die Apparate blinken und die Weißkittel einen abschätzend betrachten, wobei sie lateinisch reden. Aber es gelang mir, mich mit der Situation zu arrangieren. Leider kam das Patientgefühl zurück, und zwar just, als der Versuchsleiter mit diesem »Wir«-Sagen anfing. Man kennt das ja von den Medizinern. Die führen ein Instrument in einen ein, wo man sagt, *sorry*, aber da gehört nichts eingeführt. Und dann besitzen sie auch noch die Frechheit zu sagen: »*Wir* führen jetzt mal dieses Instrument ein«, und machen einen zum Mittäter! Aber gut, hier lag die Sache etwas anders, und der Versuchsleiter unterließ das »Wir«-Sagen irgendwann auch wieder.

Bevor es schließlich losging, gab der Mann noch einige Erklärungen ab. Er sagte, dass die nämlichen Dioden in der Lage seien, meine Gefühle zu erfassen. Aha, dachte ich, interessant! Was die Wissenschaft heute vermag, also da staunt man doch immer wieder. Nur, so dachte ich weiter, will ich das? Möcht' ich diesem Herrn, der zweifelsfrei freundlich spricht, mir aber völlig unbekannt ist, will ich ihm meine Gefühle offenbaren? Gewiss, manch einer hängt der FKK-Bewegung an und fand auch die Stasi gar nicht so schlimm, weil er vorgeblich nichts zu verheimlichen hatte, aber was mich angeht, so schätze ich meine Privatsphäre und bin grundsätzlich gegen unnötige Entblößungen. Was, dachte ich, gehen den da meine Gefühle an? Ich wollte eben intervenieren, da fiel mein Blick auf die nette Assistentin, die gerade wieder nett lächelte. Ach, dachte ich, willst du mal nicht so sein.

Freundlich nickte ich dem Mann zu und bedeutete ihm, er möge seines Amtes walten. Der Versuchsleiter fuhr fort und sagte, ich würde vor dem Beginn des Experiments einen Film sehen, der mich durch seine spezielle

Machart entspannen soll. Ach ja? Ich richtete mich auf. Entspannung, ja? Ei, wie fein, dachte ich. Du bist ja durchaus noch etwas überarbeitet, und da wird dich so ein Filmchen bestimmt erfrischen. Erneut zustimmendes Nicken meinerseits. Doch wie ich noch so nickte, da befiel mich jäh ein unschöner Verdacht. Ist, so kam es mir, das Wörtchen Entspannung womöglich eine listige Schönfärberei? Ich wischte den Gedanken gleich wieder beiseite, doch er meldete sich hartnäckig zurück. Ich dachte: Meint dieser Mensch, der ja von Berufs wegen durchaus ein Psychologe ist, meint der eventuell Hypnose? Ganz bestimmt sogar meint der Hypnose, dachte ich. Ich wurde infolge dieser Gedanken ziemlich ärgerlich, denn an Hypnose habe ich nun gar kein Interesse, weil, was stellen die mit einem an, wenn man sich nicht mehr wehren kann? Ich wollte noch protestieren (Versuch gerne, aber Hypnose, sorry, da muss ich dankend ablehnen), doch da hatte der Mann schon »So, dann fangen wir mal an« gesagt und mir den Rücken zugekehrt. Jetzt schickte er sich an, den Laborraum zu verlassen. Ich drückte mich noch vom Sessel ab, um ihm nachzueilen, doch die Verkabelung hinderte mich. Einen Augenblick stand ich halb aufgerichtet, den Hintern über der Sitzfläche, die Gesichtshaut von den Kabeln langgezogen wie ein Kaugummi, das einem am Schuh klebt.

Schließlich setzte ich mich. Ich sagte mir: Bleib locker. Um dich zu hypnotisieren, braucht der deine Einverständniserklärung. Und die hat er nicht. Oder? Siehste!

So. Und zur Sicherheit guckst einfach nicht so richtig hin, wenn dieser Film läuft. Du schaust einfach ein bisschen seitlich dran vorbei, dann wird schon nichts passieren. Und wie ich wieder beruhigt so dasaß und wartete und dies dachte und jenes erörterte, da fiel mir auf, dass ich mich selbst duzte. Is' ja interessant!, dachte ich. Ob es auch Menschen gibt, die sich siezen? Gut, Jahrhundertpolitiker siezen sich, das weiß man ja. Das ist bekannt. Schon aus Achtung vor dem Amt tun sie's. Und wer »von« oder »zu« heißt, der siezt sich bestimmt auch. Ob jemand »wir« sagt zu sich? Das würde mich mal interessieren!, dachte ich. Aber *das* erforschen sie nicht. Typisch. Was die Menschen *wirklich* interessiert, erforscht niemand.

Dann lief also der Vorfilm. Zu sehen war (aus dem rechten Augenwinkel) ein Sonnenuntergang am Meer, ein Pärchen, das verliebt durch anbrandende, rot und golden schimmernde Wellen watete. Niemand zählte rückwärts, und ich verspürte keine besonderen Veränderungen meines Bewusstseinszustandes. Über diese Feststellung endgültig beruhigt, erwartete ich den Hauptfilm.

Der Versuchsfilm selbst war, mit dieser Kritik kann ich hier leider nicht zurückhalten, oberfad. Es wurden Gesichter gezeigt, nichts weiter, und das finde ich als Plot doch ziemlich dünne. Ich bewertete, wie man mir aufgetragen hatte, das Mimikspiel der Personen auf einem Fragebogen in den Kategorien »Ärger«, »Freude«, »Ekel«

und so weiter. Nach fünfundzwanzig Minuten etwa stand die schön gewachsene Assistentin wieder vor mir. Sie stöpselte mich (leider gemeinsam mit dem Versuchsleiter) ab, lächelte zum Abschied, und ich ging beschwingt, obschon vermutlich mit albernen, weißgeränderten Saugnapfsaugstellen im Gesicht den Gang hinunter zum nächsten Labor.

Ich betrat einen Raum, schmal, grau, in dem ein Bürostuhl mit Rollfuß stand, zwei einfache Tische und ein PC. Ich nahm Platz und wartete eine Weile. Dann trat eine junge Frau im weißen Kittel ein. Schwungvoll ließ sie sich neben mir auf dem Tisch nieder. Die Frau erklärte mir meine Aufgabe.

Ich solle mir, so sagte sie, Sätze, die das Themenfeld Sport behandelten, einprägen. (Zum Beispiel: *Du wirfst dem kleinen Kind den Flummi zurück.*) Sie würde mir diese Sätze über Kopfhörer zuspielen. Wenn ein Signal ertöne, solle ich den zuletzt gehörten Satz nachsprechen, ertöne keines, möge ich schweigen. Zugleich, so bat sie mich, solle ich per Tastendruck Bildpaare von Sportgeräten als »gleich« (linke Taste) oder »ungleich« (rechte Taste) benennen, und das alles nach Möglichkeit schnell und ohne Fehler, wenn's denn geht. Na super, dachte ich. Auf so einen Stress war ich eigentlich nicht eingestellt. Aber okay, sagte ich mir dann, vielleicht macht's ja Spaß. Die Frau setzte mir einen Kopfhörer auf die Ohren und startete den Versuch.

Das mit dem Spaß nun, das ging so. Nach fünfzehn Minuten fing ich an, an mir herumzuzupfen, nach zwanzig Minuten trommelte ich mit den Fingern auf dem Tisch, nach fünfundzwanzig dachte ich, so, du gehst jetzt einfach. Dann war der Test zum Glück zu Ende. Ich setzte die Kopfhörer ab, verabschiedete mich höflich und machte mich auf zum nächsten, dem letzten Versuch an diesem Vormittag.

Das dritte Experiment war, ich komme nicht umhin das anzumerken, jetzt auch nicht wirklich *vollendet* erfreulich.

Der Hocker, auf dem Platz zu nehmen man mich gebeten hatte, war, was den Sitzkomfort angeht, kaum mehr als ein besserer Melkschemel, und dass man mir den Kopf vor einem Bildschirm nachgerade fixierte, mit so einer Plastikschiene, trug auch nicht gerade zu meiner Erheiterung bei. Eine Wissenschaftlerin im weißen Kittel verkabelte mir den linken Ringfinger mit einer Manschette, die, wie sie sagte, meine Hautfeuchtigkeit messen könne. (Landläufig nennt man diese Vorrichtung Lügendetektor, was sie mir natürlich verschwieg.) Schließlich schob sie mir noch eine Computertastatur hin. Ich sollte per Tastendruck Wörter als »positiv« oder »negativ« bewerten. Es ging bei dem Experiment um meine Einstellung zum Thema Lesen. Zwanzig Minuten drückte ich auf Tasten, dann füllte ich noch einen Fragebogen aus und durfte schließlich gehen.

Als ich wieder auf der Straße stand, schaltete ich mein Handy ein. Der Apparat summte. Vicky hatte versucht, mich zu erreichen. Ich betätigte die Rückruftaste.

»Hallo Vicky. Ja. Ja, war ganz toll. Mmh. Ja, ja. Mmh. Mmh. Picknick? Aha. Voll nett da? Aha. Total entspannt. Vorbeikommen? Ähm, äh, du, wahnsinnig gern, aber ich hab noch *irre* viel zu tun heute. Ja. Mmh. Mmh. Gut. Okay. Ciao.«

Ich legte auf, fuhr nach Hause und verkroch mich in meinem Bett.

Museumswärter

Ich sank in den Fahrersitz und schnaufte erleichtert durch. Dann gähnte ich. Ich streifte die schwarzen Lederschuhe von den Füßen und spürte, wie ein angenehmes Kribbeln durch meine Fersen lief. Einen Augenblick lang starrte ich vor mich hin. Dann schlüpfte ich in meine Turnschuhe. Ich zog die Tür am Griff ins Schloss, startete den Motor und ließ den Wagen aus der Parklücke rollen. Als er zum Stehen gekommen war, legte ich den ersten Gang ein, ich gab Gas und fuhr ab. Noch ein Blick in den Rückspiegel, wo eben die Fassade des Museums hinter einem Häuserblock verschwand.

Es war halb acht am Abend. Die Sonne stand schon tief, tauchte die vorbeifliegenden Gebäude, die Baumwipfel, einen heranrollenden Bus in schmeichelndes Licht, als ich in eine fast verlassene Ausfallstraße einbog. Vierzig Kilometer Autobahn lagen noch vor mir, bis ich zu Hause sein würde, und ich rief mir noch einmal in Erinnerung, was ich in den vergangenen acht Stunden getan hatte.

Um kurz vor zehn an diesem Vormittag hatte ich meinen Posten bezogen. Mein Chef, ein leitender Angestellter eines Wachschutzunternehmens, hatte mir den Platz auf der Empore oder »Galerie« zugeteilt, ein Dreiviertelgeschoss, das durch eine freiliegende Wendeltreppe mit dem Parterre verbunden ist. Die Treppe schraubt sich von der unter mir liegenden Etage hinauf und dreht sich dann weiter in den ersten Stock. Trennwände teilen die Galerie in drei etwa gleichgroße Ausstellungsbereiche. Die Wände sind makellos weiß, helles Parkett liegt auf dem Boden aus. An der nord-östlichen Längsseite der Etage ist eine gläserne Balustrade angebracht. Von dort fiel mein Blick in die untere Ausstellungshalle, ein lichter, hoher Raum, an den Wänden hingen in großzügiger Anordnung Gemälde. Die Bilder zeigten vielfach grotesk vergrößerte Alltagsgegenstände, Tafelschokolade zum Beispiel, circa einen auf zwei Meter groß, ferner Handtücher am Haken, ein Triptychon mit Männern beim Auskleiden sowie eine Serie mit Meerschweinchendarstellungen, bonbonfarben, mit großen Pinselschwüngen auf die Leinwand gebracht. Links unten war die Eingangstür, wo der Kollege seinen Dienst versah. Über mir hörte ich bisweilen die Schritte der Kollegin, die den ersten Stock bewachte.

Mein Chef überreichte mir ein Funkgerät, erklärte mir dessen Funktionsweise und gab mir ein paar Anweisungen die Sicherheit betreffend, dann ließ er mich allein. Es war inzwischen kurz vor elf.

Weil noch niemand meinen Bereich betreten hatte,

inspizierte ich erst einmal die Bilder, die ich bewachen sollte. Die Arbeiten – auf der Galerie hingen die Zeichnungen (Körperstudien, Stillleben) – gefielen mir, sie waren genau gearbeitet, ausdrucksstark aquarelliert. Als ich meine Runde gegangen war, nahm ich meinen Platz ein und wartete. Das tat ich eine Weile.

Ich stand also da und wartete. Und wie ich so dastand, da dachte ich, ach, nur so dastehen und warten und sonst nichts weiter tun, ist eine leichte Übung, man muss nur wissen, wie man sich die Zeit vertreibt. Eine erste, wie ich in zahlreichen Museen beobachten konnte, verbreitete Variante des Zeitvertreibs ist es, vor sich hin zu glotzen. Das tat ich nun meinerseits. Nun erwies sich das Glotzen recht bald als wenig unterhaltsam, und so ließ ich davon ab und inspizierte erst mal meine Fingernägel. (Waren okay.) Über diesen Befund recht zufrieden verschränkte ich die Hände auf dem Rücken. In dieser Haltung begann ich auf den Schuhsohlen zu wippen, vier, fünf Mal, dann ließ ich es. Ich glotzte wieder ein Weilchen, denn noch war von Besuchern nichts zu sehen oder zu hören. Ich reckte kurz den Hals, sah mich um. An der Bedrohungslage hatte sich nichts geändert. Gut, dachte ich. Alles im Griff. Ich legte die Hände vor dem Unterleib ineinander.

Eigentlich kein schlechter Job, dachte ich da. Wirst bezahlt fürs Dastehen. Super!

So stand ich also. Und wartete. Du kannst gut warten, dachte ich. Worauf und auf wen du schon so alles gewartet hast, echt irre irgendwie. Nochmals horchte ich nach fernen Schritten. Allein das Knarzen meiner Schuhsohlen auf dem Parkett und das Surren der Deckenfluter war zu hören.

Die Deckenfluter. Wie viele es wohl sein mögen, dachte ich und zählte sie rasch mal durch. Ich kam auf vierzehn. Aha, dachte ich, vierzehn Deckenfluter bescheinen dein Haupt, sieh an! Ich überprüfte mein Ergebnis und stellte zufrieden fest, dass ich richtig gezählt hatte. Fein, dachte ich. Ich begann nun, leise ein Liedchen zu pfeifen, als das Lied aus war, spielte ich eine Runde Daumendrehen (*Lieber Gott, ich bin nicht dumm, denn ich kann's auch andersrum*) und sah noch ein wenig geradeaus. Dann dachte ich: *Puh!* Ich schielte auf die Uhr. (Was selbstverständlich ein Fehler war.) Keine zehn Minuten waren vergangen.

Nun hatte die Ausstellung ja ihren letzten Tag, und ich sagte mir, bleib mal schön locker, zahlreich wird kunstverrücktes Volk diese Gelegenheit nutzen, um das Werk des bekannten Malers noch zu sehen. Auch wenn das Wetter herrlich ist, und Sonntag ist, und alle, die du kennst, selbst die Kunstbeflissenen, von dem Maler noch nie gehört haben. Bald bricht hier die Hölle los, sagte ich mir, und die Zeit verfliegt im Nu.

Etwa zwei Minuten später sagte ich mir noch einmal dasselbe.

Als eine weitere Minute verstrichen war, verbot ich mir, auf die Uhr zu schauen. Ich knibbelte an meinen Fingernägeln, ließ davon ab und verlegte mich aufs Auf- und Abgehen.

Man kann das Auf- und Abgehen schon eine Zeitlang betreiben, aber ich empfehle es eigentlich nicht, denn bald wird einem die Hilflosigkeit dieses Tuns und folglich die eigene Lage bewusst. Was, verdammt noch mal, machst du jetzt?, dachte ich. Du guckst dir noch mal die Bilder an. – *Ha! Genau!*

Gedacht, getan. Ich streifte durch meine drei Räume, würdigte dieses Bild und jenes. Fünf Minuten später stand ich wieder auf meinem Platz. Umgeben von ganz guter Kunst, die aber erhaben schwieg. Noch immer war niemand zu sehen.

Ich stand, ich stierte, ich wartete. Dann der Gedanke: Wird das noch was heute? Kommt da noch wer? Hallo? (Das unheimliche Gefühl, meine Gedanken würden wie ein Echo von den Wänden zurückgeworfen, bereitete mir Kopfzerbrechen.)

Ich spürte gerade, wie ein erster Anflug von Verzweiflung mich streifte, da vernahm ich ein Geräusch. Es kam aus dem Erdgeschoss, und es klang nach dem Öffnen einer Tür. Natürlich eilte ich sofort zur Balustrade hin und lugte hinab. Ich hatte mich nicht getäuscht: Eben riss der Kollege am Eingang Eintrittskarten ab. Zwei ältere Herrschaften, die wuchtige Turnschuhe trugen, betraten die Ausstellungshalle. Ich brauste zurück auf meinen Posten. Sammle dich, sagte ich mir, jetzt geht's los.

Nun, es ging nicht gleich los. Also genaugenommen dauerte es eine geschlagene Ewigkeit (!), bis die beiden die unteren Räume abgelaufen hatten. Und als sie schließlich die Wendeltreppe erreichten, blieben sie auch noch davor stehen, wobei *sie* sich lässig ans Geländer lehnte, während *er* mit gewichtigen Gesten etwas zu erläutern schien. (Der Mann hatte augenscheinlich Großes mitzuteilen und enorm viel davon, und es fiel ihm natürlich ausgerechnet jetzt ein.) Der Mann ruderte nur so mit den Armen, rieb auch die Fingerspitzen aneinander, als wollte er etwas darin zerbröseln. Sie nickte unaufhörlich und spornte ihn auf diese Weise auch noch an. Endlich stiegen sie die gewundene Treppe herauf und betraten die Galerie. Kaum hatten sie den Fuß in meinen Verantwortungsbereich gesetzt, straffte ich mich. Ich reckte das Kinn energisch und verdunkelte mein Antlitz zu einem respekteinflößenden Schutzmanngesicht. Meinen Gedankengängen verordnete ich Ernsthaftigkeit, Strenge und Würde.

Welches Gewicht meiner Aufgabe zufällt, hatte sich in zahlreichen beredten Details angedeutet. Schon die Erscheinung meines Chefs sprach Bände. Der Mann (Kraftkörper, das Haar trug er auf dem wuchtigen Schädel zurückgekämmt) sah mich bei der Begrüßung aus wild funkelnden Augen an, wobei sein Mund überlegen süßlich lächelte. Ich fühlte mich sofort zugleich be- und überwacht. Auch meine Krawatte trug einen untrüglichen Hinweis auf das Abenteuer, das dem Beruf innewohnen musste. Wo man die üblichen Modelle zur Schlaufe bindet, hatte sie eine Gummischlinge. »Für den Fall, dass jemand auf die Idee kommt, Sie zu würgen«, hatte mein Chef gesagt und gleich noch angedeutet, was geschehe, falls jemand auf die Idee komme, ihn zu würgen, indem er die Kawenzfaust schüttelte und »Ho, ho!« machte. (Man verliert augenblicklich jede Lust, meinen Chef zu würgen, das kann ich versichern.)

Auf meine Aufgabe vorbereitet hatte er mich dagegen eigenartigerweise nur wenig. Er hatte mir vor allem bedeutet, dass ich die Besucher nicht aus den Augen, sie meine Wachsamkeit spüren lassen sollte. Zugleich sollte ich nicht zu aufdringlich sein, da anderenfalls ein Kunstgenuss nicht aufkommen könne. Ich war angesichts dieser Ansagen etwas ratlos, wie das zu bewerkstelligen sei, und entschied mich nun für folgende Vorgehensweise: Zunächst ließ ich beide Unsicherheitsfaktoren – denn nichts anderes sind Besucher ja vom Standpunkt der Sicherheit aus betrachtet – meine Wachsamkeit spüren, dergestalt, dass ich ihnen zur Begrüßung aus schmalen Augenschlitzen zunickte. Als sie den Gruß mit einem Lächeln, einem verlegenen, irritierten, wie ich sehr wohl (!) bemerkte, erwiderten, warf ich den Kopf scharf zur Seite, um scheinbar gelangweilt ins Leere zu glotzen. (Natürlich betrachtete ich die beiden Gefahrenherde aus den Augenwinkeln.) Sie standen noch einen Augenblick, vermutlich starr vor Schreck. Dann widmeten sie sich den Bildern. Ich beobachtete sie unterdessen weiter mit schielenden Seitenblicken. Das ging auch alles erst ganz gut – keine Bewegung der beiden entging mir. Doch nun trat die Situation ein, dass *sie* nach rechts ausscherte, während *er*, die Hand am Kinn, den Kopf schräg gelegt, vor einer

Zeichnung stehen blieb. Zielsicher steuerte sie den rechten Rand meines Gesichtsfeldes an. Eine verflixte Lage, auf die mich vorzubereiten man versäumt hatte. Was tust du jetzt?, dachte ich, während meine Augen immer weiter auseinandertrieben. Die beiden waren ja hochverdächtig! (Sie müssen wissen, ich bin da mit so einem detektivischen Sinn beschenkt, aber gut, das ist ein anderes Thema.) Es galt jedenfalls, dringend eine Entscheidung treffen. Blitzschnell ging ich alle erdenklichen Szenarien der Bedrohung durch. Ich bewertete die möglichen Konstellationen der Komplizenschaft der beiden, wobei ich insbesondere solche erörterte, in denen ein »Maulwurf«, einer meiner Kollegen, an dem Verbrechen, das hier augenscheinlich stattfinden sollte, mitwirkte. Sekunden später lag die Sache klar vor mir: *Er* ist der hasszerfressene Attentäter, *sie*, die ihm erotisch verfallen ist, hat die Aufgabe, dich abzulenken. Mit mir nicht, Freunde!, dachte ich, fuhr meine Augen in Parallelstellung und widmete ihm die ganze Aufmerksamkeit meiner Augenwinkel, ihr lauschte ich vorsichtshalber nach.

Meine unerhörte körperliche Präsenz und detektivische Wachsamkeit zeigte die erwartete Wirkung. Als die beiden meinen Bereich verließen – geknickt, wie ich ziemlich sicher zu sehen glaubte –, fehlte nichts, alle Kunst war unversehrt. Nun war ich warmgelaufen, jetzt konnten sie meinetwegen dutzendweise anrücken, die Kunsträuber und Attentäter.

Nun, sie ließen sich Zeit. Irgendwann kleckerten wieder ein paar Besucher herein. Eine kleine Familie – Vater, Mutter, trotziges, »Sohnemann« gerufenes Kind –, hernach noch zwei schluderige Kunststudenten, ein paar Senioren, die nach Franzbranntwein rochen. Ich beobachtete die Gäste mit peinlichster Akribie, verfolgte ihre Bewegungen in den Verglasungen der Bilder, schlich ihnen nach, doch ließ sich keiner bei einem Vergehen ertappen, ja, sie kamen überhaupt nicht auf die Idee, zu stehlen, Filzstift- oder Salzsäure-Attentate zu verüben; nicht einer unterschritt den Sicherheitsabstand, nicht mal unerlaubterweise zu fotografieren fiel ihnen ein. Und so begann sich meine Aufgabe allmählich anzufühlen wie eingeschlafene Füße. Immer tiefer sank ich in eine nicht gekannte Dumpfheit oder »Hohlheit« (ein Wort, das ich in einem Beipackzettel gelesen habe und für das ich hiermit die Patenschaft übernehmen möchte, so eigenwillig hübsch finde ich es). Bisweilen fragte ich mich, ob man solch einen Zustand wieder abschütteln kann. Endlich rief mich der Chef zur Pause. Unter den Schnauflauten der Erleichterung trat ich ins Foyer.

Ich nahm im Gartenlokal des Museums auf einem Stuhl Platz und bestellte ein Sandwich. Der Himmel über mir leuchtete wie zum Spott über alle, die den Tag in geschlossenen Räumen verbrachten, kobaltblau; und um den Anblick in seiner Makellosigkeit noch hervorzuheben, schwamm darin ein einzelnes fröhliches, watteweißes Wölkchen. Ich hatte mein Mittagessen kaum verspeist, da musste ich schon wieder auf meinen Posten.

Doch ich fühlte mich, zurückgekehrt an mein Werk, erfrischt, voller Zuversicht. Und leider auch voller Tatendrang.

Die nächsten zweieinhalb Stunden waren, ich kürze hier ab, ein präzises Abbild der ersten drei: Die Besucher kamen spärlich, meist in kleinen Grüppchen zu dreien, vieren, als Paare, selten verteilten sich mehr als eine Handvoll auf alle drei Geschosse. Die meiste Zeit stand ich da, bisweilen ging ich ein paar Schritte auf und ab, dann stand ich wieder und stierte.

Die psychologischen Effekte der Monotonie fallen bekanntlich recht disparat aus. Manch einer gibt sich dem Immergleichen freudig hin, wirft alle irdischen Güter von sich, *trampt* nach Tibet, besteigt einen Berg und bezieht eine spartanische Kammer in einem Kloster, wo niemand mit niemandem spricht, um an ihren segensreichen Wirkungen seelisch beziehungsweise spirituell zu gesunden; andere sitzen in Einzelhaft und verlieren beim Anblick der Zellenwand den Verstand. Ich weiß nicht genau, wo jetzt die Arbeit des Museumswärters zu verorten ist, aber ich habe Hinweise gefunden, dass wenige den Job der Erleuchtung wegen ausüben; und der irregewordene Museumswärter ist nach meinen Recherchen vermutlich auch keine Erfindung der Literatur. Einen ersten Hinweis lieferte die unverblümte Ansage eines erfahrenen Wärters: »Drei Wochen, und die Arbeit schlägt Ihnen aufs Gemüt.« Man frage sich dann beispielshalber, ob das Bild, vor dem man seit Wochen steht, über Nacht umgearbeitet worden wäre. Zweitens: Ich habe von einer britischen Umfrage unter Museumswachleuten gelesen, nach der 21 Prozent der Befragten bisweilen versucht gewesen seien, ein Kunstwerk zu zertrümmern oder ein Porträt nachträglich mit einem Schnurrbart zu versehen. Ich selbst merkte vom Wahnsinn noch nichts, wenngleich mir das Surren der Deckenleuchter zunehmend lauter erschien, wie Grillen, dachte ich, und ein Bild, das den Titel »Müll« trug, aber überhaupt nicht nach Müll aussah, ging mir inzwischen gewaltig auf die Nerven.

Ich versuchte, meinen Ingrimm mit Gedichten, die ich im Kopf rezitierte, zu besänftigen, und verfiel darüber in noch größeres Missvergnügen, weil ich Armleuchter im Unterricht nicht aufgepasst habe und nur ein schönes Heinz-Erhardt-Gedicht kann (»Der Stier«), ferner beherrsche ich eine verhohnepiepelnde Version von Schillers »Glocke« (*Loch in Erde/Eisen rinn/Glocke fertig/Bim, bim, bim*); außerdem kann ich ein wenig nicht jugendfreie Scherzlyrik, die ich im Knabenalter auf dem Spielplatz von den Großen gelernt habe. Das Müllbild glotzte, die Deckenstrahler brummten bedrohlich. Kurz bevor ich vermutlich verloren gewesen und der psychiatrischen Behandlung anheimgefallen wäre, überkam mich errettend die Müdigkeit. Mit bleiernem Gewicht setzte sie sich auf meine Schultern, so dass ich unter ihr erschlaffte und bald etwas schräg im Raum stand beziehungsweise baumelte, marionettenartig wankte, als hinge mein Kopf an einem Faden. Zwar rissen mich vereinzelt Besucher aus dem

Dämmerzustand, doch nur anfänglich. Ihre Schritte klangen bald nur mehr dumpf und wie von weither. Pflichtbewusst rang ich mit der Schlafregung. Wachmann kommt von »wach sein«, betete ich mir vor und riss die Augen auf, doch meine Gesichtszüge machten nicht mit, sie entspannten sich zunehmend, der Kopf wollte unbedingt nach vorne fallen und nach hinten klappen, er eierte auf meinen Hals, schaukelte wie ein Betrunkener, mal nach links, mal nach rechts. Dann riss ich ihn wieder hoch. Ich gab mir kleine Backpfeifen, um mich wach zu machen.

Gott sei Dank war mein Wille eisern geblieben, und ich schlief nicht ein. In aller Öffentlichkeit in Schlaf zu sinken kann bekanntlich peinliche Folgen haben. Einmal bin ich im Regionalexpress nach München aus einem traumlosen *Knock-Out*-Schlaf hochgeschreckt. Ich fand mich vornübergebeugt im Sitz hängend, mit lahmen Gliedern und erschlaffter Unterlippe, von der leider ein beachtlicher Speichelfaden hinabhing. Reflexartig schlürfte ich den Ausfluss hoch und warf mich in den Sitz zurück. Aus schlaftrüben Augen sah ich in das angewiderte Gesicht einer jungen Frau und in die schadenfreudigen Gesichter einer Gruppe Schüler.

Natürlich sind solche Effekte den mit der Sicherheit Beauftragten bekannt und um dem Irrsinn und der Ermattung vorzubeugen, wechselt das Wachpersonal in dem Museum, wo ich meinen Dienst tat, täglich den Raum. Ich durfte als untrainierter Berufseinsteiger meine letzte Arbeitsstunde (die härteste, zähste, wie man mir versicherte) den Standort wechseln und verrichtete meine Arbeit nun im Erdgeschoss am Eingang. Eine wirklich erfrischende Tätigkeit, nach fünfeinhalb Stunden auf einsamem Posten. Man öffnet den Besuchern die Tür, heißt sie mit einem sinistren Sicherheitsmannbrummbass willkommen, reißt Karten ab, wobei man recht misstrauisch und prüfend guckt, wünscht schließlich mit der Andeutung eines Lächelns viel Vergnügen. (Außerdem wurde ich Ohrenzeuge aufschlussreicher Ausführungen über die Kunst, zum Beispiel lernte ich, dass die Darstellung des Kotzenden, wie sie unser Künstler auf Papier gebracht hatte, ein Novum in der Malereigeschichte ist.) Und so vergingen die letzten sechzig Minuten meines Daseins als Museumswärter doch noch erfreulich rasch. Geschafft war ich trotzdem.

Gegen zehn nach acht nahm ich die Autobahnausfahrt. Die Sonne lugte noch über einem Feldhügel hervor, warf hundertmeterlange Schatten. Sachte bremste ich den Wagen herunter und glitt im Feierabendtempo eine Landstraße entlang. Nach zehn Minuten erreichte ich mein Ziel. Ich saß noch eine Stunde auf dem Balkon beim Bier. Die Nacht war klar und warm. Die Grillen zirpten, wie die Deckenfluter.

Propagandist

Mein Stiefvater liebte Fleischsalat, meine Mutter, seine Arbeit, die Gedichte Robert Gernhardts und die Augsburger Dult. Und wenn er auch als Chef eines kleinen Ingenieurbüros stets vielbeschäftigt war, so ließ er es sich nicht nehmen, dem Augsburger Jahrmarkt wenigstens einmal im Jahr einen Besuch abzustatten. Ein vergnügtes Leuchten war in seinen Augen, wenn Dulttag war, wenn er seinen Mantel vom Haken nahm und sich aufmachte.

Die Dultbesuche gehorchten unveränderlich festgelegten Ritualen. Zuerst kaufte sich mein Stiefvater eine Tüte Marzipankartoffeln (denn Marzipankartoffeln liebte er noch mehr als Fleischsalat, seine Arbeit und die Gernhardt-Gedichte). Er aß eine Handvoll mit der Hingebung eines Schuljungen, wobei sich mit jedem Stück eine noch tiefere Zufriedenheit in seinem Gesicht ausbreitete. Dann schlenderte er, rosawangig geworden, los. Stiefvater ließ sich treiben, bestaunte die großflächigen Auslagen an

Plunder, die Holzspielzeuge und Haushaltswaren, weidete sich an der bunten, weiten Welt der Dinge und amüsierte sich über »das Volk«, das er dort antraf, »die Originale«, wie er sagte, den ganzen kleinen Menschenzirkus.

Unvermeidlicher Bestandteil seiner Dultbesuche war schließlich die Anschaffung eines Artikels. Irgendetwas musste er in einer knisternden Plastiktüte nach Hause tragen, obwohl er die meisten Angebote für maßlos überteuert hielt, es gehörte einfach dazu, rundete das Glück ab. Mal kaufte er einen praktischen Küchenhelfer, mal ein Werkzeug. (In der Regel handelte es sich um Geräte von fragwürdiger Qualität, dafür trugen sie den Beinamen »2000«.) Meine Mutter, die betontermaßen stilbewusst ist, kommentierte seine Anschaffungen stets mit Augenrollen, nahm sie aber hin, weil es schließlich nur kleine Beträge waren, die er ausgab. Am Abend lag dann jedenfalls in Zellophan gewickelt auf dem Küchentisch irgendeine »Weltneuheit«, ein Apparat aus einem Material, das die *NASA* für die Raumfahrt entwickelt hatte, oder ein Produkt, das so praktisch war, dass man sich fragen musste, welche ungeheuerlichen Entwicklungsschritte der Menschheit zwangsläufig bevorstehen mussten, jetzt, da sie so ein Wunderding in Händen hielt. Mein Stiefvater kaufte revolutionäre Gemüsehobel (revolutionäre!), einen Titan-Wetzstein, der auch einen Atomkrieg überlebt hätte, wie wir sagten, mehrere flexible Drahtgreifarme für jene Situationen des Lebens, in denen eigentlich gar nichts mehr half, und einen sensationell praktischen

Rückenkratzer. (Mama machte ein Gesicht, als ob sie fröstelte, als mein Stiefvater genussvoll brummend dessen Funktionsweise vorführte.)

Nun, der Greifarm hat uns tatsächlich gute Dienste erwiesen. Einmal, das war, als ich den Büroschlüssel meiner Mutter in einen Gully vor unserer Haustür hatte fallen lassen. Es brach ein ziemliches Theater los, weil das Austauschen der zugehörigen Schlösser sauteuer gewesen wäre und den Verlust zu melden peinlich. Auch befürchtete man offenbar, der Schlüssel könne von Halunken, die nachts mit Taschenlampen Gullys nach Türschlüsseln, Goldzähnen oder sonstigen Schätzen absuchen, entdeckt werden. Ich wurde also abkommandiert, das Mistding wiederzubeschaffen. Fünfzehn Minuten stocherte ich erfolglos mit einer Drahtschlaufe in dem Loch herum, gemeinsam mit meinem kleinen Bruder, der vermutlich – ich kann mir seine Teilnahme nicht anders erklären – gezwungen wurde mitzumachen. Es war aussichtslos, und ich sah mich schon einen Zweitjob annehmen, um die drohenden Kosten zu erstatten, als mit einem Mal mein Stiefvater, der von der Sache Wind bekommen haben musste, die Haustür aufriss, mit siegessicherem Grinsen, den Drahtgreifer in der Hand erst ins Freie trat und dann an den Unglücksort. Er scheuchte uns weg und nahm das Malheur in Augenschein. Als die Situation überblickt war, legte er an, konzentriert wie ein Jagdschütze, und führte den Drahtgreifer in den Gully hinab. Er packte zu, man hörte ein Klimpern; offenbar hatte er den Schlüssel am Schlafittchen. Triumphierend hob er das Ding aus seiner Falle. (Am Abend gab es eine lange Diskussion, weil der Vernunftwert seiner Dultanschaffungen ja jetzt bitteschön ein für alle Mal bewiesen war. Und das ewige Augenrollen bitte künftig zu unterlassen sei.) Die anderen hochvernünftigen Dultgeräte landeten nach und nach im Keller, wo sie bald vergessen wurden und ihrem Ende auf dem Sperrmüll entgegenstaubten. (Als der Sperrmüll vorbereitet wurde, erlebten sie eine wundersame Wiederauferstehung, vom Staub befreit und aus dem Keller geborgen. Dann wurde eifrig ein Einsatzzweck gesucht. Zwei Wochen später lagen sie wieder an ihrem Kellerplatz.)

Mein Stiefvater hatte einen nicht unerheblichen Teil seiner Dulteinkäufe bei jenen Händlern getätigt, die ihre Waren mit von Sensationen, lustigen Superlativen und Wortneuschöpfungen vollgestopften Vorträgen vorführten. Die zersägten mit »unstumpfbaren« Küchenmessern Nägel, um damit anschließend Tomaten in Scheiben zu schneiden, oder sie führten die Wunderkräfte »wundertätiger« Bügelpulver vor, mit denen man nie wieder am nervigen Nadelöhrverfehlen verzweifeln müsse, weil sich restlos alles fix zusammenbügeln lasse. Ich glaube, mein Stiefvater kaufte bei diesen Händlern aus einer gewissen Anerkennung für den (manchmal leicht bizarren) Unterhaltungswert ihrer Vorträge, den Einsatz, den sie zeigten, und ein bisschen auch aus Mitleid; viele wirkten schon reichlich abgerissen. Aber vielleicht war das auch Inszenierung, eine Masche.

Mit anderen Worten: Einen wie meinen Stiefvater hätte ich als Kunden brauchen können, als ich mich nun selbst als ein solcher werbender Verkäufer, als sogenannter Propagandist, versuchte.

Es war ein kühler Samstagmorgen, Mitte März, als ich mich aufmachte, um Menschen von den Vorzügen eines Gerätes zu überzeugen, dessen Vorzüge mir ehrlich gesagt bis heute nicht einleuchten wollen. Mein Ziel war, eine möglichst hohe Stückzahl des *Tornadoquirls* an Hausfrauen und Rentner zu bringen.

Der *Tornadoquirl* ist ein Rührstab aus Edelstahl, dessen eingebauten Federmechanismus man in Gang setzt, indem man mit dem Gerät beherzt in flüssigen Nahrungsmitteln herumstampft. Glaubt man der TV-Werbung, so gibt es auf dem Markt derzeit nichts Besseres im an Sensationen nicht gerade armen Rührstab-Segment. Innerhalb von Sekunden kann jedermann (!) mit dem *Tornadoquirl* Milchschaum aufschlagen oder Eischnee herstellen. Das Gerät ist so toll, dass ein Präsentator und eine Präsentatorin nicht anders können, als um die Wette zu jubeln. Das heißt, *sie* jauchzt vor Verzückung und beginnt angesichts der schaumigen Ergebnisse nahezu verliebt zu gickern. Ich möchte dem Leser diese unvergesslichen Szenen nicht vorenthalten und habe deshalb ein Gedächtnisprotokoll der Präsentation angefertigt. Hier ist es, wir steigen mittendrin ein.[1]

[1] Die Darstellung erhebt keinen Anspruch auf Genauigkeit.

Er (leidenschaftlich mitgerissen): *Liebe Zuschauer, ob Sie steifschlagen, ob Sie aufquirlen, mixen, mischen oder vermengen: Mit dem* Tornadoquirl *geht es immer schneller, leichter* und *einfacher. Ganz egal, ob kalte oder warme Speisen, der* Tornadoquirl *ist ihr perfekter Helfer in der Küche. Und Reinigen ist ein Kinderspiel! Schau Susi* (Susi schaut, und sie kann es gar nicht fassen.), *kein aufwändiges Auseinanderbauen mehr. Du hältst den* Tornadoquirl *einfach drei Sekunden unter fließendes Wasser. Fertig!* (Susi ist jetzt hin und weg.) *Liebe Zuschauer, Sie sparen Strom, Batterien, Spülmittel und Zeit. Mit dem* Tornadoquirl *haben Sie ein Gerät für tausend kleine Aufgaben. Sie werden den* Tornadoquirl *nicht länger missen wollen. Milchshakes sind im Nu zubereitet. Vinaigrettes, Ei-Schnee, Omelettes, Mayonnaisen werden mit dem* Tornadoquirl *cremig, sämig, feinporig, denn: Alles gelingt mit dem* Tornadoquirl *in Perfektion. Sehen Sie diesen Milchschaum, der zergeht doch auf der Zunge! Himmlisch!*

Sie: *Ach Walter, ein Gedicht …*

Wenn ich ehrlich sein soll, ich hege leise Zweifel an der Qualität des Produktes. Das angeblich unzerstörbare Küchengerät kostet im Einkauf zwei Euro und ich habe auf der Kartonverpackung zwei Rechtschreibfehler entdeckt. (Aber wer zu streng ist mit seiner Ware, kann als Propagandist gleich einpacken, das hat man mir aus Propagandisten-Kreisen bedeutet. Gut, der Insider wählte andere

Worte. Er sagte: »Verkauf den Ramsch und denk bloß nicht weiter drüber nach.«)

Kurz vor 9 Uhr parkte ich also meinen Wagen am Rand des Wochenmarktes an der Herzbergstraße im Ostberliner Stadtteil Weißensee. Man muss sich meinen Standort als ziemlich typisch für die Bezirke Ostberlins denken, die vom Aufschwung bisher nicht erreicht wurden: Plattenbauten recken sich ungeniert in den Himmel, die Straßen haben Aufmarschbreite, es gibt im Umkreis eine Unzahl vietnamesischer Nagel- und Sonnenstudios. Der Marktmeister wies mir einen Platz auf *halber Treppe* zu. (Womöglich ist der Mann ein Filmliebhaber und hat einen besonders feinen Sinn für Ironie.) Ich nahm meine Utensilien aus dem Wagen und errichtete mein Ständlein.

Mir gegenüber hatte bereits eine Marktfrau ihren Schuhstand aufgebaut; kollegial, aber in der Mimik zugleich etwas zitronig-wehleidig lächelte sie mich zum Gruße über ihr Sortiment an; sie war gerade dabei, in penibler Sorgfalt die Ausrichtung ihrer Filzpantoffeln mit Puscheln zu korrigieren, schob einen Hausschuh im Leopardenfellmuster ein bisschen nach links und zog das Modell mit den Konterfeis drolliger, rosanasiger, dösender Kätzchen einen Zentimeter nach vorn. Zu meiner Linken hatte ein Inder seinen Stand errichtet; der Mann bot Feinstrickbekleidung in Knisterzellophan feil; vis-à-vis befand sich der Verkaufstisch einer Gruppe junger vietnamesischer Männer, die in Obstkisten verstaut ein unüberschaubares Sortiment an Spülbürsten, Topflappen, Poesiealben, Springbällen, Flüssigseifen, Nagelsets, Seifenblasendosen, Chinaspielzeug, Trinkhalmen, Gartenhandschuhen, Kopfmassagegerätschaften und tausend Dingen mehr darboten; rechts die rollende Theke eines Fleischereibetriebs.

Der Fleischer bot neben den üblichen Wurstwaren, Koteletts, Steaks und Innereien eine Auswahl warmer Speisen, die man in bestimmten Kreisen und, wie ich beobachtet habe, zunehmend auch im TV heutzutage penetrant als »ehrlich« bezeichnet. Heiße Bockwurst zum Beispiel (in unserem Fall mit Senf und Aufbackbrötchen auf Pappe, 1,40 Euro), Bulette (1,50 Euro) und Filterkaffee (im Plastikbecher, 1,00 Euro). Gern werden Speisen des ehrlichen Segments, wozu insbesondere Fleischgerichte zählen, auch unter den Termini »was Richtiges« oder »was Ordentliches« subsumiert. Meist treten diese Floskeln in Sätzen zutage, die eine Magen- und Allgemeinbefindlichkeit ausdrücken sollen und ideologischweltanschauliche Standpunkte bezeugen. Man sagt beispielshalber: »Ich brauch jetzt was Richtiges.« Respektive: »Ich brauche jetzt was Ordentliches.« Wer solches spricht, der will sagen: »Bleib mir fern mit deinem Salat, du verwelkte Hirsejungfer, sonst setzt es was.« Beziehungsweise: »Verschone mich mit den sogenannten ›falschen‹ beziehungsweise ›unordentlichen Speisen‹ aus dem grünen Segment.« (Wozu neben Gemüsen jedwedes Obst, Falafel, Bulgur, Kleiekekse und dergleichen Körnerprodukte mehr zählen.) Andererseits besitzt man in besagten Kreisen durchaus Humor, und gern lotet man scherzhaft die Fallstricke der deutschen Sprache aus. Tritt etwa eine Kellnerin tellerbeladen an den Tisch und fragt recht freundlich: »So, Herrschaften, wer von Euch isst denn das Schnitzel?«, so ist es gute Sitte zu antworten: »Das Schnitzel bin ich.« Und dann sagt noch ein Sitznachbar eilfertig: »Und ich bin die Schweinskopfsülze.«

Ich stellte also mein Tischchen auf, drapierte ein paar *Tornadoquirle* pyramidal, stellte Milchtüten, Essig- und Ölflasche sowie zwei Messbecher zu Vorführungszwecken dazu, also jetzt nicht einfach so, sondern schon zu einem Stillleben. Daraufhin rührte ich mit kaltem Wasser einen Instantkaffee vom Lidl an und goss ihn in ein eigens angeschafftes Trendkaffeeglas. Sodann legte ich andächtig die Hände ineinander, in etwa wie es jene Pastoren beim Kirchentag tun, die auch Lagerfeuergitarre spielen, setzte mein unschuldigstes Lächeln auf und wartete. Auf Menschen, die man beglücken könne mit dem segensreichen Küchenhelfer.

So stand ich also da, stellte mein Lämmergesicht zur Schau und wartete mir eins. Und wie ich da so stand, da überfiel mich mit einem Mal ein verdrießlicher Gedanke: Was, wenn mein Atem übel röche? Übelriechender Atem ist, das muss man wissen, für den Verkaufserfolg, was ein Marianne-Rosenberg-Song für die Stimmung auf einer Heterosexuellen-Party ist. Eine solche Katastrophe galt es selbstverständlich zu verhindern. Unsicher sah ich mich um. Weil gerade niemand guckte, schwang ich die Hand zur Nase und hauchte hinein, um meinen Atem zu riechen. Ich befand, dass er noch frisch war, spürte die wohligen Wärmeschauer der Entspannung durch meinen Körper strömen und krümmte meinen Mund wieder zu einem wohlansehnlichen Aufwärtsbogen.

Doch kaum hatte ich meine anfängliche innere Gelassenheit und die für den Verkäufer unabdingbare Zuversicht zurückerlangt, schoss mir der nächste garstige Gedanke in den Kopf: Die Kleidung könnte tadelig sein. Ich hatte mich für einen ordentlichen Dress entschieden, weil Hausfrauen, wie ich mir sagte, allzu gern auf gutgekleidete Männer hereinfallen. Zugleich, so sagte ich mir, sind Hausfrauen ziemlich sauberkeitsfixiert. Da musst du höllisch aufpassen. Schielenden Blickes kontrollierte ich mein Outfit. Auch okay, tadellos: kein Brotbrösel verunstaltete das Revers, kein peinlicher Zahnpastafleck im Schritt. Gut. Lächeln. Warten. Abwarten. Nichts geschah, also kreuzte ich die Arme vor der Brust. Natürlich bemerkte ich den Missgriff umgehend und riss sie wieder auseinander. Eine derart abweisende Körpersprache wirkt so gewinnend wie Nasebohren. Genauso schlimm, so schoss mir augenblicklich in den Kopf, ist nur fieslicher Achselgeruch. Vorsichtiges, unauffälliges Hinwenden meiner Nasenspitze Richtung Schulter. Erleichtert nahm ich unverfälschte Deo-Aromen wahr. Okay, ich sammelte mich neuerlich, nun endgültig beruhigt. Dem Verkaufserfolg stand nichts mehr im Weg.

Ich stand also da. Rentner zogen ihre Rollwagen an meinem Stand vorbei, die Rollen der Rollwagen schlugen gegen die Treppenstufen, das Zellophan knisterte beim Inder, eine Mutter schimpfe ihr Kind, ein Punk schlurfte in Springerstiefeln durch mein Blickfeld, schluckte den Schaum aus dem ersten Bier des Tages, abermals das Schlagen der Rollwagenrollen. Niemand schenkte mir auch nur die geringste Beachtung. Lediglich die Schuhverkäuferin sah manchmal herüber. Auf ihrem Gesicht lag so ein wissender Ausdruck, der nicht gerade ermutigend auf mich wirkte, so was leicht Mitleidiges, aber auch Verzagtes, alles in allem: der Blick eines Leidensgenossen.

Dann kam einer entlang, der sah schon im Vorbeigehen auf meinen Stand, er blieb stehen, den Körper halb zu mir gedreht. Ich setzte schon an, mein Werbesprüchlein aufzusagen. Doch er machte plötzlich ein Gesicht, als sei mein Produkt irgendwie vulgär oder eine Art Beleidigung für das Auge. Mein Lächeln begann sich anstrengend anzufühlen. Aber noch hielt ich es wacker aufrecht.

Irgendwas lief ganz falsch. Sollte ich doch jemanden ansprechen? An sich hatte ich in Erfahrung gebracht, dass das sinnlos ist, wenn sich der Betreffende nicht wenigstens halbinteressiert dem Stand näherte; ich versuchte es dennoch. Nachfolgend eine Zusammenfassung meiner Bemühungen.

Autor: »Guten Tag, Sie essen bestimmt gern …«

Passant 1: »Nein.« *(zieht weiter)*

Autor: »Guten Tag. Kennen Sie schon den *Tornadoquirl*?«

Passant 2: »Sie, ich hab' Zucker!«

Autor: »Oh! Also, das, ähm, tut mir aufrichtig …«

Passant 2: »Ja, ja. Wahrscheinlich muss das Bein ab. Mein Mann sagt, amputiert brauchst du mir gar nicht nach Hause kommen.«

Autor: »Äh, das ist aber …«

Passant 2: »Meinem Onkel Hans haben sie auch das Bein abgenommen. Aber das war natürlich im Krieg. Granatsplitter. Fünfundvierzig kriegt der einen Splitter ab, stellen Sie sich das mal vor! Ach ja, der ist ja auch schon lang unter der Erde. War ein feiner Mensch. Ein bisschen weichlich vielleicht. Aber das liegt in der Familie. Depressionen, Sie verstehen. An seiner Schwermut is' er schließlich auch gestorben. Na ja, irgendwie auch an dem Bein. Meine Schwester wohnt in Oldenburg. Kennen Sie Oldenburg? Ich sag immer, Trude, was willst du denn da? Ist schon bald zwanzig Jahre, dass sie hingezogen sind. Na, ihr Mann trinkt. Früher. Jetzt nicht mehr. Sie, seit fünf Jahren trinkt der keinen Tropfen! Ob Sie's glauben oder nicht, keine Rumkugel! Nicht mal alkoholfreies Bier trinkt er. Ach, dabei hat er immer so gern Bier getrunken! Jetzt mal unter uns, ne, der übertreibt. Das ist meine Meinung. Aber bitte. Mein Mann hat ja nie getrunken. Ach, wo denken Sie hin! …«

(Wir überspringen etwa zehn Minuten wortreicher Ausführungen den Gatten Herbert und seine zunehmend lieblose Art betreffend, ferner den Bericht über eine Nachbarin, die »andersrum« sei, was eine gewisse Frau Koschlowski aus dem zweiten OG bezeugen könne.)

Passant 2: »So, und mit den blauen Federn, das ist die Mimi. Goldig, ne? Die kriegen *nur* das gute Futter!«
Autor: »Ah ja?«
Passant 2: »So, jetzt muss ich mal weiter.«
Autor: »Äh, ja.«
Passant 2: *(geht ab)*
Autor zündet sich eine Zigarette an, raucht gierig.
Autor: »Guten Tag, kennen Sie …?«
Passant 3: »Haben wir schon.«
Autor: *(inzwischen in sich zusammengesunken, hebt neuerdings an)* »…«
Passant 4: »Haben wir schon.«
Autor: *(schweigt)*

Dass es ein sinnloses Unterfangen ist, jemanden anzusprechen, hatte ich bei Walter Strapinski gelernt, einem erfahrenen Berliner Propagandisten, der, wie mir ein paar Leute gesagt haben, die so was wissen müssen, alles verkaufen kann. Wir kommen noch auf ihn zurück. Zuvor will ich dem Leser noch in der gebotenen Kürze die Ereignisse der nächsten zwei Stunden schildern: Womit wir bei Strapinski wären. (Gut, es geschah schon etwas. Der

Wind blies. Etwa fünfzig Passanten ignorierten mich, darunter acht Rentner, die Rollwagen zogen, einer schob einen Rollator vor sich her, drei Rentner mit Pudel liefen vorbei, wobei ein Pudel getragen wurde, ein weiteres Hündchen bellte sich vor Rewe eine halbe Stunde lang schier die kleine treue Seele aus dem Leib. Und meine Mundwinkel schmerzen vom andauernden Grinsen.)

Ich traf Strapinski, meinen Lehrmeister, eine Woche vor meinem Einsatz auf einem Wochenmarkt in einem etwas gesetzteren Viertel der Stadt. Wir hatten vereinbart, dass ich ihn etwas beobachte bei seiner Arbeit, mir ein paar Kniffe abgucke. Ich stellte mich also seinem Stand gegenüber in die Sonne und beobachtete. Was sich vor meinen Augen abspielte, ist mir bis heute rätselhaft. Alle paar Minuten verkaufte Strapinski *Tornadoquirle* im Doppelpack, selbst einen Rastafari, der zunächst äußerst uninspiriert auf seinen Stand geguckt hatte, brachte er nach fünf Minuten soweit, die Börse zu öffnen und zwölf Euro zu zahlen. Ich versuchte herauszufinden, was sein Geheimnis war, und notierte akribisch Gespräche, Ansprachen, Körpersprache. Meine Auswertung ergab ein verwirrendes Bild: Strapinski riss schlimme Zoten (von der Art »Ah, die drei Damen vom Grill.«), klopfte Sprüche (»die Blauen für die Schlauen«, gemeint waren Quirle mit blauen Griffen), bezeichnete offensichtliche Nachteile des Geräts als Vorzüge und pries sie sogar, nicht mal besonders motiviert wirkte er, als er das Gerät vorführte.

Nach anderthalb Stunden war ich nicht viel schlauer als vorher, im Gegenteil. Als ich Strapinski schließlich nach seinen Methoden befragte, sagte er: »Wir schaffen Probleme, die eigentlich niemand hat. Und dann verkaufen wir die Lösung.« Klingt schlüssig, dachte ich, nur wie mache ich das?

An meinem Stand ging ich in Gedanken durch, was Strapinski getan hatte, irgendwo in seinem Verhalten muss schließlich das Geheimnis seines Erfolges liegen. Da ich keine Antwort fand, entschied ich mich, ihm blind nachzueifern. Und versuchte es mit Witzen.

Als zwei junge Frauen an meinem Stand vorbeiliefen, rief ich aus: »Hallo! Mögt Ihr Schaumschläger?« Erst hielt ich es für geistreich, doch nur kurz, dann schämte ich mich. Sie sahen sich an, lachten, sagten »Nö!« und verschwanden. Auch meine späteren Sprüche erzielten nicht die erhoffte Wirkung. Und so blieb mir nur ein Ausweg. Ich musste von einer Masche Gebrauch machen, die in Propagandistenkreisen höchst umstritten ist, den Beistehertrick.

Der Beistehertrick geht so: Man hat einen Beisteher. Das heißt, einen Kollegen respektive guten Bekannten, der gerade nichts Besseres vorhat, den stellt man an den Stand, auf dass er einen Interessenten mime. Weil der Mensch sich gern hinstellt, wo schon ein anderer steht, gesellt sich bald auch schon jemand dazu, und wenn man Glück hat, bildet sich eine Menschentraube. Ich nahm mein Telefon zur Hand und rief meinen Freund Felix an.

Ich bat ihn um Hilfe, kurzentschlossen sagte er zu. In einer Stunde, sagte Felix, würde er bei mir sein.

In dieser Stunde wird hier nichts passieren, da kannst du ebenso gut etwas essen gehen, dachte ich, als ich aufgelegt hatte, und wollte gerade aufbrechen, da trat eine Frau an meinen Stand. Ob dies dieser Quirl sei zum Milchaufschäumen, den kenne sie aus dem Fernsehen.

Was soll ich berichten? Geschwind griff ich meinen Vorführrührstab und führte vor. (Fragen Sie nicht wie!) Ich schlug Milch, dass es eine Freude war, faselte was von wegen Luftbläschen und rühmte den Schaum, wobei ich ihn auf meinen Lidl-Macchiato goss, und als ich gerade zum Vinaigrette verquirlen ansetzte, sagte die Frau: »Aha. Und wie viel kostet der?« Ich konnte es kaum glauben.

»Zwölf Euro«, gab ich zur Antwort und fügte sehr charmant an, weil Ostern vor der Tür stehe, gebe es den zweiten gratis dazu. (Strapinski-Masche). Zwei Minuten später hatte ich meinen ersten *Tornadoquirl* verkauft.

Als Felix eine Stunde später eintraf, beliefen sich meine Absatzzahlen bereits auf unglaubliche zwölf Stück. Sogar Felix wollte einen. Es war ihm gar nicht auszureden. Und mit Unterstützung meines Freundes konnte es nur noch besser werden.

Nun, es kam anders. Felix machte seinen Job ausgezeichnet, und ich quirlte mir eins ab. Doch alle Bemühungen waren vergebens. Zwar kamen die Menschen heran, schauten, würdigten das Gerät, stellten interessiert Fragen, aber niemand kaufte. Vielleicht spürten sie die

Gier, die inzwischen von mir Besitz ergriffen hatte. Ich wollte mehr verkaufen, wollte mehr Menschen zu Milchaufschäumern machen. Und schäumte dabei selbst über vor Geschäftstüchtigkeit.

Felix ging nach einer Stunde. Und ich stand wieder da; der Wind blies, Rentner zogen ihre Rollwagen vorbei, der Punk schlurfte angetrunken durch mein Blickfeld, ich fror. Nach einer weiteren Stunde baute ich meinen Stand ab.

Auf dem Heimweg rechnete ich durch. Ich hatte in sechs Stunden 72 Euro eingenommen. Meine Ausgaben beliefen sich auf 24 Euro für die Quirle, 5,50 Euro für Essig und Öl, 3 Euro für den löslichen Espresso. Das ergab einen Gewinn von 39,50 Euro vor Steuern beziehungsweise einen Brutto-Stundenlohn von 6,58 Euro (das Benzingeld habe ich nicht verrechnet). Zu Hause angekommen trug ich den Karton mit den restlichen *Tornadoquirlen* erst mal in meinen Keller. Ich machte ein wenig Platz in einem Regal und schob den Karton hinein. Aus einer Kiste, die daneben stand, lugte der rote Griff eines Drahtgreifers. Er war noch eingewickelt in eine Plastiktüte.

Nachwort

Nun wird sich der Leser vielleicht denken, ja Menschenskinder, da waren ja ein paar dicke Dinger dabei – aber hat der Typ da das alles auch selbst erlebt? Oder war er schlau, hat sich's daheim bei einer Tasse Tee am Schreibtisch gemütlich gemacht und sich alles ausgedacht? Mit anderen Worten, handelt es sich hier um Dichtung, oder ist es Wahrheit?

Zugegeben, so clever war ich nicht. Sämtliche Geschichten stimmen, sie haben sich so zugetragen. Mit ein paar kleinen Einschränkungen allerdings: Ich habe, um die Persönlichkeitsrechte einiger handelnder Personen zu wahren, einige Namen geändert und ein paar wenige Details ein bisschen umgeschrieben.

Eine zweite Frage, die der Weltöffentlichkeit nun vermutlich auf den Nägeln brennt, betrifft meine Zukunft als Nebenjobber. Da wird sich der eine oder andere womöglich denken, dieser Kerl da, der macht ja scheinbar alles, und viel Geld nimmt er auch nicht, und ich habe da doch noch diese Jauchegrube hinterm Haus … Kann ich den Typen buchen? Vergessens Sie's. Keine Chance! Das Thema Nebenjob ist für mich erledigt, diesmal wirklich.

So, war noch was? Ich glaube nicht. Na ja dann, schönen Tag noch. Und gönnen Sie sich mal 'ne Pause.

Dank

Ich danke allen, die mich bei der Arbeit an diesem Buch durch ihre Kritik, ihre Anregungen und ihre Geduld unterstützt haben, namentlich Jenni Roth, Brinda Sommer, Joachim Peerenboom, Steffen Geier und selbstverständlich Oliver Brauer. Ich danke außerdem jenen, die mir ihre Geschichten überließen, und denen, die mich an ihrem Arbeitsleben teilhaben ließen. Mein besonderer Dank gilt meinen Eltern und Friederike Kenneweg.

Berlin, im Juli 2011